三淵嘉子・中田正子・久米愛

日本初の女性法律家たち

『華やぐ女たち　女性法曹のあけぼの』復刻版

弁護士　佐賀千恵美＝著

日本評論社

三淵嘉子

（昭和55年、65歳）

中田正子

（昭和25年、41歳）

久米愛

（昭和12年、26歳）

明治大学専門部女子部が主催した合格祝賀会／昭和13年11月20日

女性で初めて３人が高等試験司法科に合格したときの母校の祝賀会

片山哲氏との座談会／昭和14年11月20日

合格した翌年の銀座アラスカでの片山哲氏との座談会。
左から久米愛、武藤嘉子（後に三淵）、田中正子（後に中田）

この頁の写真は、中田正子の相続人所蔵。
写真データの提供は鳥取市歴史博物館。

法服を着た中田正子／昭和15年頃

当時は、裁判官も検事も弁護士も法服を着ることになっていた。

この頁の写真は、中田正子の相続人所蔵。
写真データの提供は鳥取市歴史博物館。

中田正子と筆者（佐賀千恵美）／昭和61年８月７日

『華やぐ女たち　女性法曹のあけぼの』の取材のために鳥取に筆者が行ったときの写真

この頁の写真は、中田正子の相続人所蔵。
写真データの提供は鳥取市歴史博物館。

はじめに

これは、三淵嘉子先生、中田正子先生、久米愛先生という日本で初めて女性で弁護士になった三人のドキュメンタリーとして、私が平成三年（一九九一年）に出版していた『華やぐ女たち　女性法曹のあけぼの』の復刻版である。ただし、表現を現代的にしたり加筆したりなどした部分がある。

本書の初版は、早稲田経営出版から出版させていただいた。今は日本評論社の代表取締役である串崎浩さんが、三〇歳代のとき、早稲田経営出版で本書初版の出版作業に携わっておられた。三淵嘉子先生たちをめぐっての、三〇年以上も前のそのご縁によって、今回の復刻版を出していただくこととなった。三淵嘉子先生と日本評論社のご縁はほかにもあり、同社から清永聡著『家庭裁判所物語』（二〇一八年）も出版されている。人同士のいろいろなつながりの中から、ものごとが展開することを実感する。

私が本書の初版を書き始めたのも、また偶然のきっかけからだった。私が東京地検の検事を辞めた後の昭和六〇年（一九八五年）に、早稲田経営セミナーの司法試験受験生のために原稿を依頼されたとき、その担当者から「いつ頃ですか？　日本に女性の弁護士や裁判官が生まれたのは」と尋ねられた。しかし、私はその問いに答えられなかった。そして、当時は日本の女性法曹の草分けについてのまとまった本もないことに気づいて、私はいろいろ調べ始めた。そして、草分けのお三方の身内の方たちや、たった一人ご健在でいらっしゃった中田正子先生へのインタビューも行った。

取材を始めた当時は、私は三歳と一歳の二人の子供をかかえて主婦専業であった。また、昭和六二年（一九八七年）からは京都で弁護士の仕事を始めたので、初版の出版まで漕ぎつけるのはハードなことであった。しかし、戦中戦後を生き抜いた草分けのお三方の姿が、私を鼓舞してくれた。

今思うと、あの時点で取材をしておいて本当によかった。もう亡くなられた方も多く、この復刻版のインタビューや記録には、今では得られないものも数多くある。

このたびの復刻版の出版にいたるまでにお世話になった方たちを思い浮かべて、感謝しつつ。

令和五年（二〇二三年）記

佐賀　千恵美

［目次］

第二章　三淵嘉子――初の、女性の裁判所長……033

※引用にあたっては、一部を除き、旧字を新字に、旧仮名遣いを新仮名遣いにあらため、一部の漢字を変更あるいは平仮名にするなどした。また読みやすくするため、文意を変えない範囲で、句読点を補った。

第一章

女性弁護士の誕生

第一節　女性が弁護士になった

〈女性たちとの出会い〉

「いつ頃ですか。日本に女性の弁護士や裁判官が、初めて生まれたのは」と出版社の人に聞かれた。これから法律家になろうとする女性のために、私が原稿を書いたときのことである。昭和六〇年（一九八五年）だった。

私は、その問いに答えられなかった。私も四年前までは検事。三歳と一歳の子供を抱えて、仕事を休んでいた。

「自分も女性の法律家のはしくれのくせに、何も知らないな」と、ぼやきながら、私は、関連する本を探し始めた。ところが、驚いたことに、女性の法律家の草分けについて、まとまった本がない。苦労した末、やっと次のことが分かった。

⑴　昭和八年（一九三三年）。男性だけしか弁護士になれないとしていた弁護士法が改正、公布された（昭和一一年（一九三六年）施行）。女性も弁護士になれるようになった。

⑵　昭和一三年（一九三八年）。弁護士になれる試験（高等試験司法科）に、初めて女性が合格。武藤嘉子（後に三淵）、田中正子（後に中田）、久米愛の三人である。

⑶　判事や検事に、女性がなれることになったのは、戦後である。

「うわぁ、すごいな。昭和一三年か。女性に選挙権もなく男尊女卑の時代だったのに。どんな気持ちで、弁護士の試験を受けたのかしら」

それに引き換え、私の生活は何だ。掃除、洗濯、食事の支度や、子供の世話……。毎日、同じことの繰り返しだ。

「子供は三歳までは、保育園に入れず母親が育てる方が、精神が安定する。子供のためだと納得して、検事を辞めたんでしょう？　それに、子供が手を離れたら、弁護士を始めるんだからいいじゃないの」[※1]「でも、六年間のブランクの後、三五歳になって弁護士という新しい職になじめるかしら。よほど、頑張らなくちゃ。気力と体力が続くだろうか」

自問しながら私は、初めて弁護士になった女性たちに、ひかれていった。「男社会」に、切り込んで行った三人。――彼女らは私の行く手を導く星のように思えた。キラキラと輝いている……。

※1　なお、筆者は昭和六二年（一九八七年）から、京都で弁護士の仕事を始めている。

〈書くのは私しかいない〉

「なぜ三人のことを書いた本がないんだろう。女性史の上でも、法律家の歴史の上でも、大事なはずなのに」

久米愛は昭和五一年（一九六七年）に、三淵（武藤）嘉子は昭和五九年（一九八四年）に、亡くなった。健在なのは、中田（田中）正子のみ。今のうちに話を聞いておかなければならない（平成一四年〔二〇〇二年〕、中田正子逝去）。久米や三淵についても、時間がたてば人々の記憶は薄れる。資料もなくなっていく。誰かが早く、記録しなければ。

しかし、待っていても誰もやってくれない。「思いついた私が書くしかない」との気持ちが突き上げて来た。

私は資料を探し始めた――。

〈初めての女性弁護士〉

「法服を彩る紅三点」という見出し。「女弁護士ついに誕生」という書き出し。――昭和一三年一一月二日の東京朝日新聞である。

戦争のさなか。紙面は「中国での日本軍の活躍ぶり」一色に塗られている。その中に、パッと花が咲いたように、若い女性の写真がある。――武藤嘉子（二五歳）、田中正子（二八歳）、久米愛（二八歳）の三人である。

高等試験司法科に、初めて女性が合格した。一年半、弁護士試補として、弁護士事務所で修習して、正式の弁護士になる。

昭和一一年に改正弁護士法が施行され、女性に弁護士の道が開かれた。大学を卒業していない人は、第一次試験として教養科目などの試験を受ける。大学を出た者は、二次の論述試験と、三次の口述試験に受かればよい。女性も受けられるようになった年に受験した女性はいたが、二次の論述試験に不合格。

翌一二年（一九三七年）に、田中正子が論述試験に女性で初めてパスした。しかし、口述試験で落とされた。口述で不合格になるのは少ない。「女だから落としたのではないか」といううわさが流れた。

昭和一三年には、武藤、田中と久米の三人そろって見事に最終合格。「みんなで受ければ怖くない」ということか。

受験したのは男女あわせて二五〇〇余人。パスは二五三人。約一割である。

〈どんな時代か〉

昭和四年（一九二九年）。アメリカを皮切りに、かつてない大恐慌。世界が失業とひもじさに突き落とされた。

日本では労働者を、安い給料で働かせた。そして、他国より早く恐慌を抜け出した。

昭和一〇年（一九三五年）頃、日本では特に、重工業が発展した。しかし、国内には原料になる鉄や石炭が少ない。作った物を売りさばく市場も狭い。

日本は原料と市場を求めて、中国に進出した。

〝法服〟を彩る紅三點

〝女性の法律問題は女性が……〟

辯護士試驗・初の榮冠

けふ晴の田中正子さん（上）と久米愛子さん（下右）武藤嘉子さん（下左）

く、これが私が法律を修めた理由でもあります、男子[illegible]の人権のためにも骨を折らして頂きたいと存じます

武藤嘉子さん

女辯護士と申しての受験だなどと云はれては困ります、當律[illegible]

武藤、田中、久米の合格を報じた新聞（東京朝日新聞、昭和13年11月 2 日付夕刊）。

〈戦いへ〉

改正弁護士法が施行された昭和一一年。「二・二六事件」が起きた。軍が政府を動かすようになった。

翌一二年。北京の近くの盧溝橋で、日本と中国の軍が小競り合いをした。日本軍が挑発したといわれている（盧溝橋事件）。この事件をきっかけとして、日本と中国は全面戦争に入る。

昭和一三年。中国を一気に負かそうと、日本は春から全力で中国を攻めた。徐州・漢口作戦である。しかし、戦いは長引き、泥沼化していく。

――三人が、試験に合格したのは、同年の一一月。出兵の真っただ中であった。久米の夫も兵に取られていた。

〈合格はこだまする〉

暗い時代に、女性弁護士の誕生は、目の覚めるような「ヒット」だった。話題をよんだ。

三人全員の母校である、「明治大学」による祝賀会。各学部の教授をはじめ、たくさんの人が祝いに集まった。講堂がいっぱいになった。

市川房枝の「婦人選挙権獲得同盟」などにより、久米ら三人を励ます会も開かれた。期待の言葉を浴びた。

新聞にも載った。

〈あとに続け〉

三人の合格を伝える新聞ニュース。当時、生き方を考えていた女性に、希望を与えた。「自分もあとに続こう」と決心した者もいる。

今、弁護士として活躍する鍛冶千鶴子は言う（平成二〇年〔二〇一八年〕逝去）。三人の一〇年後（昭和二三年〔一九四八年〕）に合格した人である。

「女性が弁護士という職業につける道があるなど、およそ知るはずもない当時の女学生にとって、それは途方もないニュースだった。熊本という男尊女卑思想の色濃い封建的な風土の中に生まれた私は、逆に、それを反面教師として育っていた。そして、上級学校に進み将来ともに一人立ちできる仕事をもちたいと思い続けていた。だが、それにしても、『女性も弁護士になれる！』という事実を知

3人の合格の祝賀会

ったその時の手ごたえは、今も忘れられないくらいに重かった。
……（中略）……
女性に法律専門教育の門戸を開いていた唯一の学校である明治大学女子部法科に進んだのは、久米愛さん、三淵嘉子さん、中田正子さん三名の日本最初の女性の司法科試験合格者がいずれも同校の卒業生であり、それら先輩の後に続きたいと念じてのことだった」（三淵嘉子ほか『女性法律家』〔有斐閣、一九八三年〕六三頁）

やはり弁護士の山本清子。三人が合格したニュースをきっかけとして、弁護士を目指す。花嫁修行をさせたかった親を説得。昭和一五年（一九四〇年）に、明治大学女子部法科に入学した（『追想のひと三淵嘉子』〔三淵嘉子さん追想文集刊行会、一九八五年〕二一八頁による）。

森川和子。彼女の母は、「お嬢さん育ち」だった。母には女学校の通学に送り迎えがついていた。母の兄がアメリカに留学したとき、母は一緒に行きたかったが、果たせなかった。結婚し、一三人の子を生んだ。

昭和一三年、三人が女性弁護士になるという、新聞ニュース。和子の母は、刺激された。ちょうど、和子が女学校を卒業する。「弁護士にしよう」。母は何が何でも娘を、三人の母校、明治大学女子部法科に入学させた（同書六五頁による）。

平林英美は医者になるつもりだった。三人の新聞記事を見て、彼女の母が言った。「日本にもやっと女の弁護士さんが誕生したそうよ。世の中半分は女ですものね、あなたお医者さんもいいけれど、法科へ行ってみない……（中略）……。あなたが大学を出る頃には、女の裁判官も検事も現れると思うわよ」

英美は、はるばる満洲国奉天市から、東京の明治大学女子部法科の門をたたいた（同書六九頁以下による）。

第二節　女に法律なんて

〈明治大学女子部〉

司法科試験に初めて合格した久米らは、三人とも、「明治大学専門部女子部法科」の卒業生である。三人の影響を受けて、弁護士になろうと思った鍛冶千鶴子、山本清子と森川和子も、三人の母校の門をくぐった。

——いったい「明治大学専門部女子部」とは何か。

図表1　戦前の教育のルート

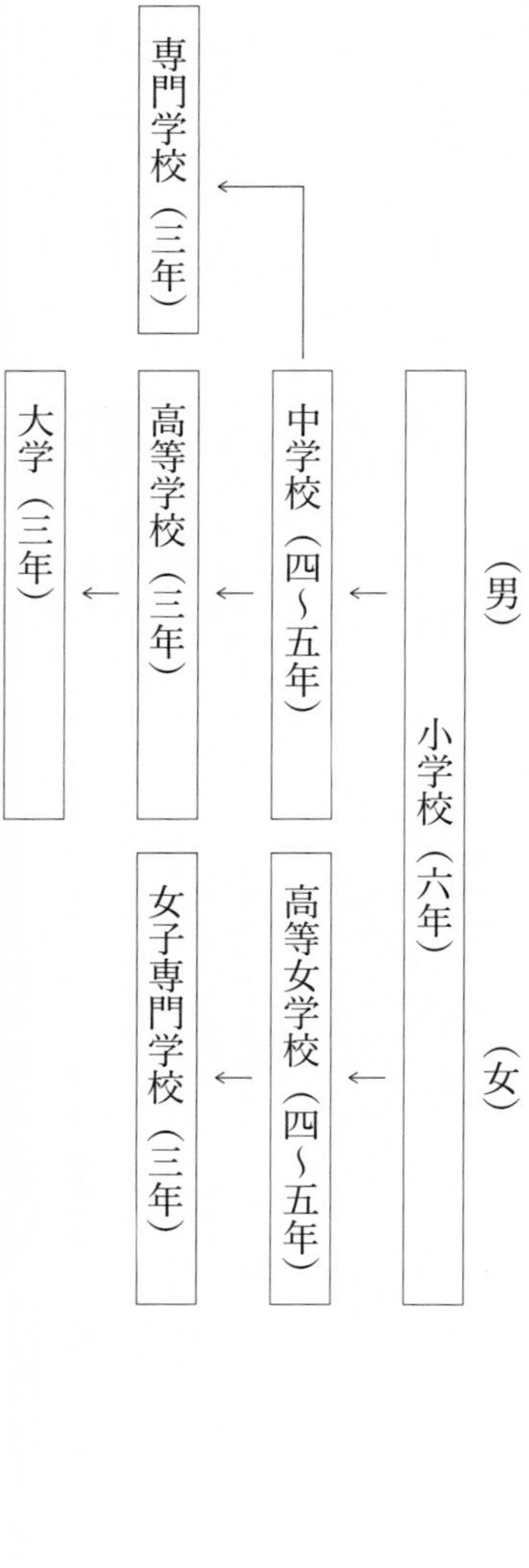

日本で初めて、女性に法律を教えることを目指した学校である。昭和四年(一九二九年)にできた。

戦前は、女性は大学に行けなかった。「女に学問はいらない」からである。

図表1のように、小学校の六年間は男女共学である。

男性は、中学→高等学校→大学と進む。中学→専門学校のコースもあった。

女性は、高等女学校→女子専門学校の道しかない。しかも、女性の学校は良妻賢母を育てることが目的とされていた。男性の教育に比べ、教える程度も低かった。


〈大学への道〉

例外として**図表2**の大学が、女性の入学を認めていた。特定の女子専門学校を卒業した者についてである。入学を許されれば、男性と席を並べて、いろいろな学部で学ぶことができた。しかし、実際に入った女性は、ごくわずかであった。

図表2　女性の入学を認めていた大学と開始時期

東北帝国大学	大正二年(一九一三年)から
日本大学(二部)	同一〇年(一九二一年)から
同志社大学	同一一年(一九二二年)から
九州帝国大学	同一四年(一九二五年)から

昭和四年。明治大学は「女子部」を作った。「女子部」を卒業すると、男性が学ぶ明治大学に入学できる（**図表3**）。

図表3　新しい女性の教育ルート

小学校 ← 高等女学校 ← 明治大学専門部女子部 ← 明治大学

〈女性に法律を教えよう〉

「女性だけを集めて法律を教える学校」が、日本で初めてできた。一体、誰が考えついたのか。

それは穂積重遠[※2]である。東京帝国大学（今の東京大学）の民法の教授。東大の法学部長にもなり、貴族院議員にもなった。

穂積は大正七年（一九一八年）頃から、女性の地位に関心を持っていた。無知なままにされている女性に、法律を教えたかった。

穂積は明治大学でも、民法の講義をしていた。「明大に女子部を作ろう」――昭和の初め、穂積は松本重敏[※3]を仲間に入れた。

松本は明治大学で、憲法を教えていた。

昭和二年（一九二七年）頃、弁護士法の改正委員会に「女性も弁護士になれるようにしよう」という案が出された（松本が委員だった。松本の意見が反映していたと推測される）。

教育につき審議する公民教育会でも「女に法律を教える学校が必要だ」との話があった（穂積と松本が同会に関係していた）。

穂積と松本は、「いよいよ女子部を作る機が熟した」と判断。

穂積は司法省へ、松本は文部省へ行って賛成を取り付けた。

二人は明大の法学部に提案した。「女に法律を教えよう」と。学部は支持した。

松本は学長の横田秀雄[※4]に言ったという。

「人間の幸福は男女が知的に相和することにある、それには女子にも高等教育を授け、男女が同一レベルにあることが、ただに日本人の幸福だけでなく、日本が世界各国に伍して、国際交流の上に、絶対的に必要になる」（『明治大学短期大学五十年史』〔一九七九年〕一六五頁、塩田きさの記述部分）

横田も乗り気になった。

横田は、大審院長をしたことがあった。今の最高裁判所の長官である。

彼は大審院で「男にも妻以外と性的関係を持たない義務（貞操義務）がある」という判決を出した（昭和二年五月一七日）。当時は、男性が愛人を持つのは当たり前だった。妻の浮気だけが非難された。

横田はこう述べている。

「私は四十年間も（裁判官として）在職していたがこの裁判くらい多大の反響を生じたものはないのであります。日本内地はもちろんのこと支那西洋までも響いたものであります。……（中略）……

実はこの判例で私が神様になった。女子にお目にかかると、私共の間ではあなたを神様と思っております。こういうご賞讃を得た」（同書二五三頁）

「穂積、松本、横田」――いずれも、女性の地位を上げるのに熱心な人であった。明治大学に三人が集まっていたことは幸運だった。

※2　穂積重遠（一八八三年～一九五一年）。東京帝国大学を卒業。
※3　松本重敏（一八七五年～一九四一年）。明大の前身である明治法律学校を卒業。
※4　横田秀雄（一八六二年～一九三八年）。東京帝国大学法科大学を卒業。

図表4　創設時の明治大学専門部女子部の応募状況

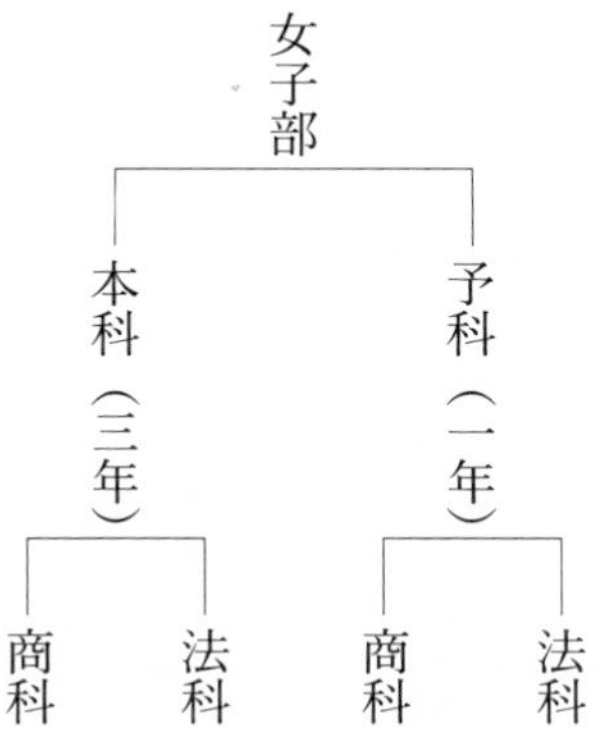

	募集の内訳	希望者	入学手続をした者
予科	法科・商科 合わせて五〇人	八〇人	五三人
本科	法科・商科 合わせて一〇〇人	一三八人	一〇五人（このうち法科九三人）

〈**足を引っ張られる**〉

穂積や松本が在籍する明大の法学部と横田学長は、女子部を作ることに賛成した。しかし、決めるのは大学の評議委員会。――ところが、評議委員会のＯＫが出ない。

多くの委員が「女に、法律など教えなくてもよい」と言う。穂積や松本らが「これからは、女にも法律は必要だ」と説得する。すると、今度は「たとえ、女子学生が入学しても、収容するスペースがない。もちろん、新しく校舎を建てる金もない」と反論される。

松本はある夜、ひそかに佐藤慶太郎の家を訪れた。佐藤は明治大学の理事で、実業家である。松本は佐藤を口説いて、校舎が建つだけの寄付を取り付けた。当時で一万円（現在の一八〇〇万円相当）。

やっと女子部ができる！

商学部長の志田岬太郎が「法科といっしょに商科も作ろう」と言い、認められた。女性に法律と経済を教えることになった。

そして木造二階建ての、つつましい校舎ができた。

〈**学生を募る**〉

昭和四年（一九二九年）。明治大学は、女子部に予科※5（一年）と本科（三年）を作った（**図表4**）。予科から、本科に入る。本科を卒業すると、明大に進学できる。募集を上回る希望者があった。

大学は希望者の全てに入学を許した（同書五頁による）。

※5　予科は、高等学校に四年しか行っていない者の補正のためである（大都市では五年制だったが、地方では四年制だった）。

〈ユニークな一回生〉

初めて女子部に学んだ、一回生はユニークだった。一回生の高窪静江は語る。

「今までこの日を待っていた、という、離婚歴をもつオバちゃま、社会活動家の女史、左翼がかった美人、落ちつきはらった弁護士夫人など、百花繚乱、年令からいってもはるかにわれわれの世代を上回った御エラ方が多く、前々学長立石芳枝さんと私とは、なかば脅威の念からひそかに手を握りあうようになって鳴りをひそめていたものである」（同書一六二頁）

「立石芳枝」は後に、民法の女性学者の草分けとなる。女子部の後身である「明治短期大学」の学長も務めた。

〈いよいよ開校〉

昭和四年四月二八日。女子部の開校式。来賓も招き、大学の講堂で行われた。

学長の横田秀雄が、あいさつした。

「男尊女卑の旧習を打破し、女子の人格を尊重しその法律上、社会上の地位を改善してこれを向上せしむるということも現代における要求の一つであります」(同書二五〇頁)

そのためには、女性に教育を与えることが必要である。女性に専門の社会科学を教える学校を、日本で初めて作ったと。

教師代表の穂積重遠も、壇に立った。こうあいさつした。

「婦人に法律なんかをやらして何になるか。ということをこの度のこの女子部の新設について、私はかなり教養のあり地位のある方から二、三聞いたのであります。……(中略)……法律は難しいもので婦人は到底出来まい、婦人の能力の及ぶ所ではない、こういう考えがそういうことを言われる人にかなりあると思います。これは非常な誤解であることは申すまでもないことであります。

婦人の能力が法律学、経済学を修めるに足らないということは決してない。ただ今までその方面の道が開かれていなかったがために、婦人のその方面に能力を延ばすことが出来なかったにすぎないのであります。……(中略)……

今、民法の改正が問題になっている。その民法調査委員会はもちろん男子である。……(中略)……

民法という法律はことに婦人に重大なる関係のある問題で、家庭に密接な影響を及ぼす法律である。その法律の審議をするのに男子だけでやってよいものか、ということをこれまた私自身がその委員会の委員であって、既に危うみ疑っているのであります。……（中略）……

これから法律を作って行くその根本問題の審議にかかわり得るだけの能力がある婦人法律学者、婦人経済学者をつくること、これが明治大学女子部の目的である。……（中略）……

我々この女子部の教授にあたります者は、決して婦人なるが故に斟酌、容赦をするということをしないつもりであります。それは婦人に対する非常な侮辱であります。婦人でありますから優しくする、調子を下げるということは婦人に対する侮辱である。……（中略）……

難しいのは当たり前であります。難しくなくてはならないのであります。

もちろん今まで法律経済の方面のことをあまりお聞きになり、お読みにならなかった皆さんに対する講義でありますから、その点は十分斟酌して言葉が解り易いように努めるつもりでありますけれども、事柄に対して決して通俗教育のつもりではないのであります。本当の専門教育でありますす」（同書二五六頁以下）

穂積の言葉は、法律を学ぶ女性たちへの期待にあふれている。

穂積と対照的なのが、原司法大臣の代理のあいさつ。次官の濱田国松である。

「大臣の申されるには、……（中略）……開校式に付て何も注文がましいことを失礼にも申述べる必要はなかろうが、ただこの一の意味だけはお話を申上げてくれということでありました。……（中略）……

権利思想のみの発達するようなことを避けて、義務観念というものを非常に助長する意味の教育がして欲しい。

権利と義務とは対立するかもしれないが、人々が人類の共同生活を円満にするため義務の観念を徹底的に重んじたならば、権利主張の必要はなくなる」(同書二六五頁以下)

女性に法律を教えることへの、不安が感じられる。

期待と不安とまなざしの中、女子部はスタートを切った。

第三節 明治大学女子部の浮き沈み

〈**一流の講師**〉

明治大学女子部の校舎は、木造。寺小屋のような雰囲気だった。しかし、講師には東京帝国大学や、裁判所などから、一流の人を集めた。

(1) 穂積重遠（民法）、横田秀雄（債権）

(2) 草野豹一郎（刑事訴訟法）、細野長良（民事訴訟法）

などである（前掲『明治大学短期大学五十年史』七頁による）。

卒業生の鍛治千鶴子は言う。

「すばらしい講師陣を、よくもそろえられたと、いまでも不思議に思えるくらいだが、おそらく、女子に対して日本で初めての法学専門教育をする、ということに共鳴されてのことだったのだろう」（同書一九三頁）

後に、兼子一（民事訴訟法）、我妻栄（民法）や中山伊知郎（経済）も、教えに来た。目をみはるほど、豪華なメンバーである。

特に、穂積重遠と我妻栄は、熱心だった。

第一回生の高窪静江は語る。

「はじめて法律学の部門が女子に解放されたというのでめずらしもの好きな当時のマスコミには幾分騒がれたが、六法全書のかたくるしい世界、どうにも難解な法律用語の世界の昏迷からなかなか抜け出せなかった。
それを面白くかみくだいて教えて下さった穂積重遠先生の民法総則の名講義は深く心に残った」(同書一六一頁)

鍛治千鶴子の穂積への印象。

「開講時刻を遅れられることは一度もなく、学生が遅刻して入ることを恥ずかしいと感じる雰囲気はきびしかったが、講義はユーモアに富みユニークであった」(同書一九三頁)

佐賀小里[※6]は当時を振り返って言う。

「穂積先生は、『皆さんはこれからの世のために、大事な人たちなんです』とおだてておだてて、丸めるようにして教えて下さった」

※6　昭和一七年(一九四二年)、明治大学女子部の法科に入学。筆者の義母である。

〈知識を得る感動〉

触れる機会がなかった専門用語や、新鮮な知識に感動した者も多かった。一回生の塩田きさのの体験である。

「女は優雅に家事と育児さえできればそれでよい、世の中の出来事に関心をもったり、高等な学問などするのは男のする事である、といういわゆる女大学式に育てられ、成長した私達。……（中略）……

この世にこんな素晴らしい知識を得る世界があったのか、ああ！　私は今まで生きていてよかったと、正直のところそう深く思わざるを得ませんでした。私は明大に学ぶ数年前、婚家で『人形のノラの家』にみるような扱いを受け、独りの人間としての尊厳の無視に堪えかねて、弱くもこの世をはかなもうとした当時の不幸は、もう跡形もなくぬぐい去られ、学問の進むにつれて、自分ほど幸福な者はないと感激に打ちふるう毎日でした」（同書一六五頁以下）

〈脱落者〉

しかし、熱心に勉強する者があった反面、辞めていく者もいた。入学のときには一〇五人だった第一回生。昭和七年（一九三二年）に卒業するときには、約半分の五三人になった。昭和一〇年には、新昭和五年（一九三〇年）の第二回生からは、入学も四〇～六〇人に減った。

入生が二〇人になってしまった。

女子部を創立するときから、反対する者がいたくらいである。昭和一二年には、「廃止せよ」という声が高まった。

学生の数の落ち込みに、穂積重遠や松本重敏は頭を抱えたに違いない。なぜ、減ったのか。次の理由による。

(1) 女性たちは女子部に来るまで、社会科学をまともに勉強したことがなかった。法律の勉強は難しい。ついていけない者が多かった。

(2) 女子部ができた昭和四年に、ちょうど、世界大恐慌が始まった。倒産や失業があふれた。学費が払えず女子部を去る者や、入学したくても入れない者が出た。

(3) 歴史が大きく転換し、ファシズムの嵐が、吹き荒れた。

次に述べるとおり、この三つ目が、最も大きな理由であった。

〈嵐の小舟〉

女子部の学生が減った、昭和六年（一九三一年）から一二年。――ちょうど、日本は軍国主義へ、のめり込んでいった。

日本では労働者は、賃金が低い。農民が払う小作料も高かった。国民は商品をあまり買えない。工業技術が発達して、企業の生産が増えても、国内では売り切れない。実に、イギリス人の経済学者であるケインズが言った「豊富のなかの貧困」である。

市場を海外に求めなければならない。

昭和六年（一九三一年）、満洲事変が起こる。日本は満洲に、かいらい政権を作り、植民地とした。

同じ年、国内では進歩的な考えが抑えられる。

昭和八年（一九三三年）には、京都大学の滝川幸辰が攻撃された。滝川の刑法理論が「天皇を中心とした国体に反する」というのである（滝川事件）。

同一〇年。美濃部達吉の「天皇機関説[※7]」も、やり玉に上げられた。学界では、広く認められていた理論だった（天皇機関説問題）。

法学者に対して、厳しい弾圧がされた時代である。しかも、女性には銃後を守るため、良き妻と母になることが要求された。女子部の入学者が減ったのも、うなずける。女子部は「軍国主義の嵐にもてあそばれる、小舟」だった。

※7　国家を法人とみる。主権は国家にあると考える。天皇は国家を代表する最高機関とする。

〈すわ廃止か〉

昭和一二年（一九三七年）の初め。青森にいた竹中きねよに、明治大学女子部から連絡があった。

「経営が困難なので、募集を中止する」という。

竹中は女学校を卒業し、しばらく働いていた。しかし、平凡な毎日に飽き足りなかった。法律を勉強しようと決心した。けれども、両親は反対。

「自分で責任をとるから」と約束して、両親を説得した。そして、入学の願書を出した。そこへ女子部から、新入生をとらないという知らせである。竹中は言う。「私は大変なショックを受けた。『こんな事があっていいものかしら？　偉い先生にお会いして懇願すれば何とかなるかもしれない』と思いつめて上京し女子部を訪ねた」（同書一八二頁）

竹中が女子部の事務室に入ると、三、四人の女性がいた。翌年に司法科試験に合格する、武藤嘉子（後に三淵）も混じっていた。

武藤は昭和七年に女子部に入学し、一〇年に卒業。明大法学部の三年生だった。女子部をつぶすまいと、卒業生も熱心に動いていたのである。竹中は武藤について語る。

「大変強い印象だった方が三淵（武藤）さんでした。……（中略）……あの女子部の事務所で大きな四角の火鉢を囲んでおられた。今から思えば三淵さんの若々しくて、真剣に、女子部存続の危機をご心配なさって、はきはきとした口調で、田舎者の私をいたわりながら話して下さった事が、つい最近のことのように、ありありと想い出されます。

それはあの、あいくるしい程のつきえくぼのお顔がまず印象づけられるのでしょう。『今も私達はそのことについて相談しているところです。本当にご事情はわかりました。私達も出来るだけ学校が続けていかれるように努力します』とおっしゃって下さいました」（前掲『追想のひと三淵嘉子』六八頁）

女子部廃止への反対運動は盛り上がった。多くの講師が「給料なしで、授業を続ける」と言った。理事の近藤民雄は「向こう一年間の運営費は、自分が出す」と約束した。

すでに、理事会は、女子部を廃止する決定をしていた。同年三月二六日には、文部大臣に「生徒募集の中止に関する件」という書類まで出していた。

しかし、理事会は、激しい反対運動に押された。同年四月九日、文部大臣への書類を取り下げた。

女子部は残った！　竹中は述べる。

「諸先生方、先輩の方々のご努力のおかげと今も感謝している。……（中略）……

この入学許可の重みは私にとっては、人生の中で最も忘れられないことの一つである。このことによって、私の一生は大きく変わって今日あるのだと感慨ひとしおである」（前掲『明治大学短期大学五十年史』一八二頁）

〈**再び学生が増える**〉

次の年（昭和一三年）の秋。武藤、田中と久米が、女性で初めて司法科試験に合格した。三人とも、女子部の卒業生である。新聞によって、「明大女子部」の名は、全国に鳴り響いた。

二〇人足らずに減っていた新入生。翌一四年（一九三九年）になると、五七人に増えた（法科四〇人、商科一七人）。

三人の司法科試験合格が、女子部を生き返らせたのである。

合格の後、武藤は新聞記者にこう語っている。

「受験する気になったのも当時やや不振の母校の名誉を幾分でも高めたいと思ったからです」

筆者は最初、右の記事の「母校の名誉を高めたい」というのを、ありきたりに読んでいた。資料を集め、女子部がつぶされそうになっていたことを知って初めて、武藤の言葉の本当の意味が分かった。

〈**学徒動員**〉

久米ら三人のおかげで、女子部は昭和一四年から、軌道に乗った。

しかし、二年後の昭和一六年（一九四一年）、日本国はハワイの真珠湾を先制攻撃した。太平洋戦争の始まりである。

敵は、武器や食料を大量に生産できるアメリカ合衆国。日本は多くの男性を兵隊にした上で戦った。働く人が足りなくなる。学生を工場へ送った。

昭和一九年（一九四四年）になると、学園に学生の姿は全くなくなった。戦争によって「学ぶ場」がなくなったのである。

〈**ホームズ女史**〉

ときはたって、昭和二四年（一九四九年）。日本はやっと、敗戦の痛手から立ち直ろうとしていた。

男女共学が勧められた。女性しか教えないという理由で、明大女子部はつぶされそうになっていた。

ルル・ホームズ女史は、ＣＩＥ（ＧＨＱの民間情報教育局）の課長だった。彼女は弁護士であり、法学博士でもある。虐げられた日本の女性から、弁護士や判事が出ていることを喜んだ。

ホームズ女史は、女性の法律家のほとんどが、明大女子部の出身だと聞き、女子部を訪れた。彼女は、「こんな貧しい校舎が、女性の法律家たちを送り出したのか」と驚いた。そして、「日本に学校は多いが、日本文化史に残る学校は、ここ一つだ」と讃えたという。

ホームズ女史は、つぶされかかっている女子部を、何とか残そうと決心した。ＧＨＱを通して、文部省に働きかけた。おかげで、女子部は「明治短期大学」として、再出発することになった（同書四四頁による）。

第二章

三淵嘉子

――初の、女性の裁判所長

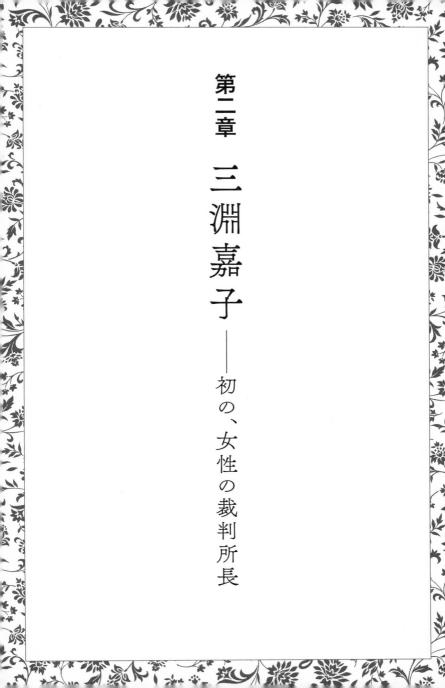

第一節　女性裁判官の草分け

〈日本のポーシャ[※1]〉

三淵嘉子――日本の女性の裁判官の草分けである。元の姓は、武藤。

戦前は女性は裁判官になれなかった。嘉子は、昭和一五年（一九四〇年）、久米愛や中田正子といっしょに弁護士になった。

昭和二三年（一九四八年）、裁判官に。女性で初めて、裁判所長となる（昭和四七年〔一九七二年〕、新潟家庭裁判所の所長）。続いて、浦和家庭裁判所の所長、横浜家庭裁判所の所長も務めた。女性の出世頭だった。

家庭裁判所で非行少年を立ち直らせることに情熱を注いだ。明るくおおらかな性格で、多くの人に慕われる。

ほかに

○日本婦人法律家協会（現在の「日本女性法律家協会」）の会長
○明治大学短期大学の教授
○労働省男女平等問題専門家会議の座長
○総理府婦人問題企画推進会議の委員

○法制審議会民法部会の委員
○東京少年友の会の常任理事
などを歴任した。

※1 『ヴェニスの商人』に登場する資産家の娘で、アントーニオの友人バッサーニオの妻。アントーニオはバッサーニオのために、金貸しのシャイロックから借金をするが、返済できなかったため裁判となる。男装して裁判官になりすましたポーシャは法廷に立ち、アントーニオの危機を救った。

〈妻として〉

和田芳夫と結婚し、男の子を生んだ。結婚して五年で、夫が戦病死。

後に、裁判官の三淵乾太郎と再婚した。初代の最高裁の長官（三淵忠彦）の息子である。乾太郎は先妻に先立たれ、一男三女があった。

第二節　嫁に行けない

〈父の愛、母の愛〉

「私は当時としては非常に民主的な思想を持った父のおかげで、そのアドバイスで法律を学ぼうと決心した。……（中略）……ところが、……（中略）……母が……（中略）……泣いて怒って反対するのである。たった一人の娘の私が法律などを勉強して将来自立できるあてもないし、第一、嫁のもらい手がなくなると嘆くのであった。これも父と二人で何とか説得することができた（ありがたいことに母はそれから後は私が弁護士になるまで、誰よりも熱心な応援者になってくれたのであるが）」（前掲『女性法律家』五頁以下）

昭和七年（一九三二年）に、娘に「法律家になれ」と言った父。そして、娘を支えた母。――「どんな人だったんだろう」。筆者は強く興味を引かれた。

〈花火の会社〉

嘉子の両親について知りたい。筆者は嘉子の弟に、面会を求めた。

次男の武藤輝彦（面会当時六五歳）。株式会社「海洋化研」という花火を作る会社の代表取締役である。工場は旭川で、事務所が東京都の京橋にある。

輝彦に筆者が連絡したのは夏だった。ちょうど花火の商売は大忙し。外国に行くことも多い。なかなか時間がとれない。やっと、京橋の事務所の近くの喫茶店で、仕事の合間に会ってもらった。

〈両親のこと〉

輝彦は筆者に、こう語った。

「父の貞雄は、明治一九年（一八八六年）の生まれ。宮武という姓でした。香川県の丸亀の人です。丸亀中学から一高に進みました。そして東大の法学部に入りました。

勤めは台湾銀行。シンガポール支店、ニューヨーク支店や東京支店を回りました。後に、台湾銀行の系列会社[※2]に出向しました。

母のノブ[※3]は、明治二五年（一八九二年）の生まれ。六人姉妹の末っ子でした。ノブが幼いころ実父の宇野伝三郎が死んだのです。伯父夫婦がノブを引き取りました[※4]。武藤直言と駒子です。子供がなかったからです（**図表1**）。

伯父の直言は小金をためて、人に金を貸していました。借家もたくさん持って、人に貸しており、金持ちでした。立派な屋敷に住んでいました。しかし、伯母の駒子は、性格がきつい。養女のノブに紙一枚、粗末にさせませんでした。ノブは朝早くから、女中のように働かされました。ノブは歯を食いしばって耐えました。女学校[※5]は出してもらいました」

※2　東洋モスリン、石原産業、昭和火工など。
※3　ふだんは「信子」を使っていた。戸籍は「ノブ」。
※4　ノブの姓が宇野から武藤に変わった。
※5　丸亀高等女学校。

図表1　家系図

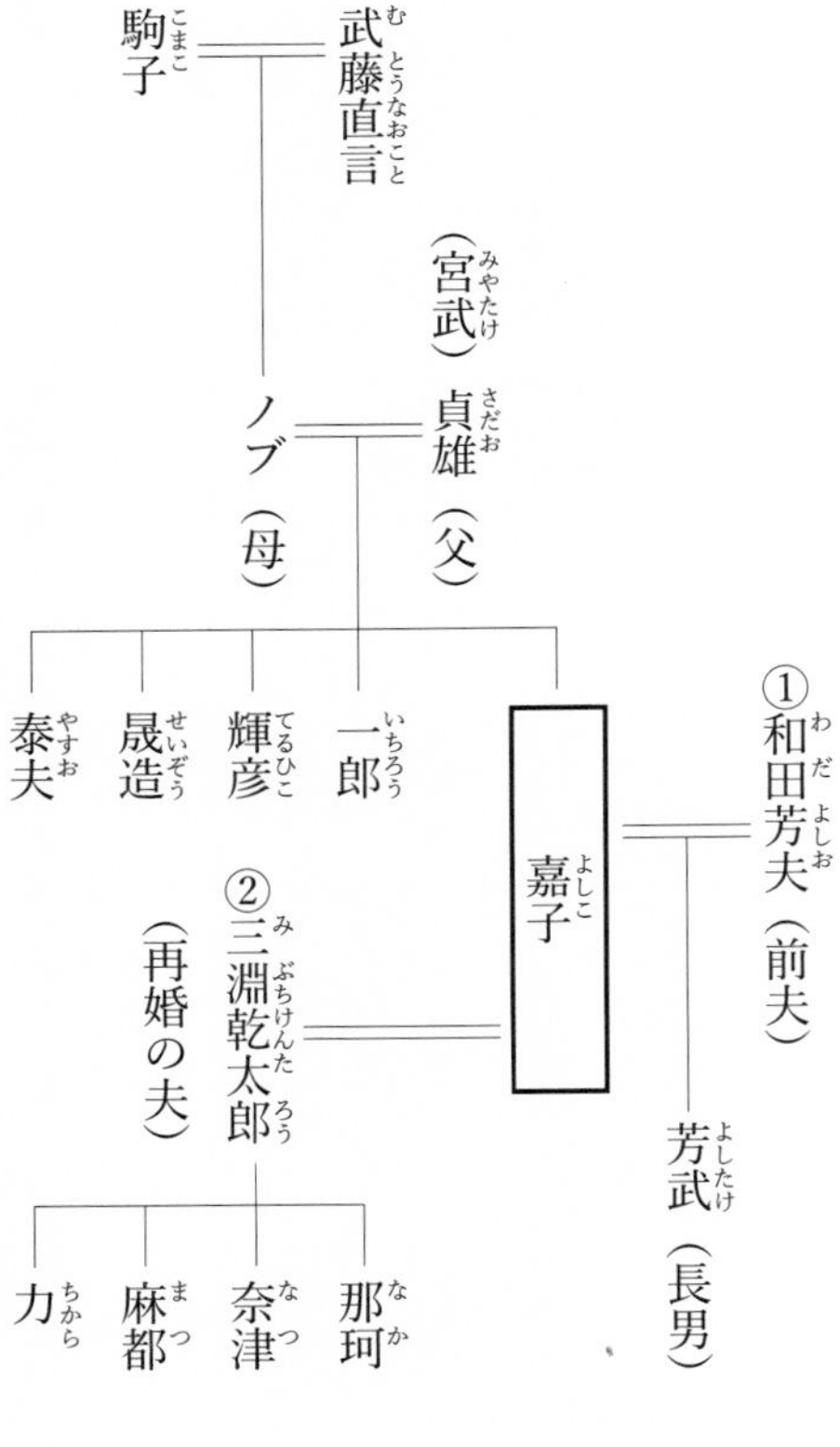

〈南の楽園〉

「大正二年（一九一三年）、父の貞雄は直言夫婦の養子になる形で、ノブと結婚しました。直言の子は養女のノブだけでしたから。武藤の姓を残すためです[※6]。

結婚してすぐ貞雄は、台湾銀行のシンガポール支店に行きました。

南の国での新婚生活。母のノブは養母から離れて、大いに羽を伸ばしました。楽しい楽しい日々の結晶として、姉の嘉子が生まれました（大正三年〈一九一四年〉一一月一三日）。

新嘉坡《シンガポール》で生まれたので、嘉子という名前です。

大正五年（一九一六年）から九年（一九二〇年）まで、父はニューヨーク支店の勤務でした。嘉子の弟の一郎が、大正五年に生まれたので、母、嘉子と一郎の三人は丸亀の直言夫婦の家で生活しました。

大正九年、父が東京支店に変わりました。母と姉も東京の渋谷区に引っ越しました[※7]」

※6　貞雄の姓が、宮武から武藤に変わった。
武藤直言と貞雄の父の宮武良策は、いとこであった。

※7　嘉子は、
大正九年（一九二〇年）早蕨幼稚園に入園。
同一〇年（一九二一年）青山師範の附属小学校に入学。
昭和二年（一九二七年）東京女子高等師範学校の附属高等女学校に入学。

〈多感な少女〉

昭和二年（一九二七年）、嘉子は高等女学校へ。当時の親友は、こう語る。

「嘉子さんと私の出逢いは昭和二年の春、倍率二十倍余りの受験を経て、お互いに憧れのお茶の水高女[※8]に合格できた幸せのただ中であった。……（中略）……

嘉子さんは理知的で正義感が強く努力型、国語より数学の方が得意で、学期末には隣の席同士、互いの通信簿を見せ合うほど勝負にこだわらないおおらかさがあった。当時、嘉子さんは宝塚が大好き、男役の雪野富士子のファンで、そのせいかダンスが上手、指の表情に真似の出来ない美しい線があった。ついに体操の時間ダンスの振付を嘉子さんが考え、クラスで創作ダンスを踊ったこともある。……（中略）……

私達の校舎は材木の支えが所々あるバラックの酷いものだったが、学校には大きな誇りを持ち、いつも、充実した日々であった。

校庭にはセンチが丘というクローバーの丘があり、昼休みには専攻科生が海老茶の袴に紫の銘仙の袂を抱え、もの静かに青春を語るといった中で、私達はセーラー服の裾を翻えして躍び跳ね、弾けるような笑いで時に辺りを驚かせた」（平野露子、前掲『追想のひと三淵嘉子』五六頁以下）

別の友人のことば。

「三淵さんは、頭のいいのはもちろんですが他にもいろいろな才能に恵まれている方でした。最初にびっくりしたのは、一年生の時に卒業生を送る謝恩会で劇があり『青い鳥』のチルチル役をな

さった時でした。それはいつまでも語り草になるほど本当に素晴らしいものでした。……（中略）
……
お声が澄んでいて台詞もよくとおり、また歌もお上手、絵も一時、油絵の先生につかれ、お好きでお上手でした。
私達は仲もよい代わりよく口喧嘩もしましたが、（嘉子さんは）冴えた頭脳で考えられた事が思った通りの言葉となって出て来るのですから、（こちらは）絶対に勝目はありませんでした。ですから後年、弁護士になられた時は、全く天職を得られたと思ったものでした。とても正義感の強い方で、他人の苦しみや辛い時などは親身になってどうしたらいいか考えて下さるような方でしたから、法律家としての道を歩まれたのも当然のことのように思われます」（堀きみ子、同書五四頁）

※8　「お茶の水高女」は、東京女子高等師範学校の附属高等女学校。

〈温かい茶の間〉


嘉子の両親に対して、嘉子の友人は次のような印象を受けた。

「嘉子さんのパパは包容力のある実業家、ママは良妻賢母で躾は厳しい方であった。

麻布笄町の武家屋敷のような大きい玄関を通ると、中はいつも温かいお茶の間の雰囲気があり、弟さん三人を加え、賑やかにすきやきのお鍋を囲む輪に加えて頂くことも度々であった。ママは信心深く、嘉子さんと一緒に浅草観音、巣鴨棘抜き地蔵、牛込釈迦堂などに連れて行って頂いた」（平野露子、同書五七頁）

「広いお家にお住まいで、弟さん四人のよいお姉様として、またたった一人のお嬢様としてご両親の愛情のもとに本当におしあわせな日々をお過ごしでした。

お母様は三淵さんの頭脳の並外れてよいことを見抜かれていたのでしょう。何かの折に『嘉子が男だったら』とふともらされたお言葉を忘れることが出来ません」（堀きみ子、同書五四頁）

裁判官を辞め、弁護士になった野瀬高生の思い出。

「奥さんは賢夫人の誉れの高い方でした。僕は学生の身分で財布の中味が心細くなると、夕飯は武藤家でお世話になるのが常であった。

そのため僕のお茶碗やお箸が用意されており、『今晩は』と言って茶の間に座ると、奥さんは『夕飯まだでしょう』といわれて、女中にその仕度をさせるのがいつもであった」（野瀬高生、同書七四頁）

〈**選んだ法律の道**〉

嘉子の弟の輝彦に、さらに両親のことを尋ねた。

筆者　「ご両親はどんな方針で、嘉子先生を育てられたのですか」

輝彦「父は放任主義です。姉の嘉子は小学校のときからずっと成績がよかったです。親の自慢でした。姉の好きなようにさせていました」

筆者「お父様は、明治一九年のお生まれですね。男尊女卑の考えではないのですか」

輝彦「いいえ。仕事でニューヨークに行ったりしていましたからね。西洋では、男女同権であることを知っていました。だから、男も女も同じだと思っていました」

筆者「嘉子先生はお父様のお勧めで、法律の道を選ばれたんですね」

輝彦「はい。父は東大の法学部を出ていますから。しかし、彼が姉にどう言って勧めたか、詳しいことは知りません」

筆者「お母様の教育は、いかがでしたか」

輝彦「母は教育には熱心でした。娘を良妻賢母にしたいと思っていました。だから、嘉子を、東京女高師[※9]の附属高女に入れました。女子のエリート校です。『お茶の水出』といえば、一流の花嫁切符です」

筆者「お母様は初め、嘉子先生が法律の道に進むのに、反対されたそうですね。なぜですか」

輝彦「当時、明治大学の女子部はまだ有名じゃありませんでした。訳の分からない女子部に行くために、『お茶の水出身』という花嫁切符を捨てることはないというわけです。
　また、法律を勉強するような女に、いい嫁入り口はないと心配していました。おとなしい嫁が喜ばれましたから」

※9　「東京女高師」（東京女子高等師範学校）は、今の「お茶の水女子大学」。

〈踏み出す一歩〉

多くの女性たちが「おとなしく家庭に入るのが、当たり前」と思っていた時代。なぜ、嘉子は法律家になろうと決めたのか。彼女はすでに、この世にいない。本人に聞くことはできない。同じく明治大学の女子部に進んだ、ほかの人の話から、推測するしかない。佐賀小里に法律を選んだ動機を尋ねた。小里は、女性検事の第二号。筆者の義母である。

筆者「戦前に法律を学ぼうと思われたのですから、かなりの決心があったでしょうね」

小里「いえいえ。そんな大げさなことではないわね。自分と同じ小学校で机を並べた男の子たちは、いろいろな職業に就こうと考えている。その男の子たちを見て、じっとしていられなかった。私も何か社会の中で仕事をしたいと思った」

筆者「法律を選んだのは、どうしてですか」

小里「今は、女性もいろんな仕事に就いていますね。でも、戦前、女性が仕事をしようと思っても限られていたわね。一つ目は、学校の教師。師範学校を卒業してね。それと二つ目は、ピアノを習って音楽家になること。三つ目は、医者になる。
しかし私は、学校の先生や音楽家になるのには、気がすすまなかった。血を見るのが嫌だったから、医者もだめでした。

何かをやりたいけど、何にしようかと迷っていた。女性も弁護士になれると知って、弁護士になろうと決めた」

筆者「お父様が弁護士でいらしたことも、影響しているのですか」

小里「そうね。父を見て、弁護士がどんな仕事か見当がついていたから。不安はなかった。当時、女性で弁護士になった人たちが、ほとんど明治大学の女子部の出身者だった。だから、私も大阪から東京に出て、女子部に入学しました。弁護士になる近道だと思って」

筆者「しかし、戦前に仕事をしたいという女性は、少なかったでしょう」

小里「ええ。教師や医者になりたいと思う人でさえ、少数でした」

筆者「多くの人は、家庭に入ろうという中で、なぜ社会で、活動したいと思い立たれたのですか」

小里「いろいろな本を読んで、社会の仕事についての知識はあったし。男の子は活動するわけだから、女の子でも——と思いました。自分では、肩ひじ張ったつもりはありません」

筆者「すでに、大正時代に大正デモクラシーはありましたよね。一時、個人を大切にする考えが盛んだったから。今、私たちが『大変な決心だったろう』と思うほどのことは、なかったのでしょうか」

小里「大阪では、少数派だったけど、女子部に入ったら、周りは弁護士を目指す人ばかりだから。自分が大それたことをしているとは思わなかった」

筆者「女子部の友人たちの、入学の動機は何でしたか」

小里　「弁護士は、自分が成長できるし、社会のためにもなるからという動機が多かった。また、中には『お父さんが法律のことで窮地に立ったとき、弁護士に助けてもらった。自分も、人助けをしたい』という人もいました」

筆者　「その人のお父さんは、どんなことで弁護士の世話になったのですか」

小里　「詳しいことは、聞いていません。人の家のことだから」

筆者はまた、中田正子にも聞いてみた。初めて弁護士になった三人のうち、彼女だけが存命だった。

筆者　「先生は、どうして弁護士になられたのですか」

中田　「女子経済専門学校のとき、講師に我妻栄先生が来ておられた。我妻先生は民法を分かりやすく、おもしろく教えて下さった。それで、法律はおもしろいと思っちゃったわけ。法律の勉強をいったん始めてしまうと、弁護士の試験を受けないと、意味がなくなるわね。周りの人が試験の勉強をしているから」

筆者　「ご両親は、弁護士になるのに反対はなさらなかったですか」

中田　「正面から反対はしなかったけど。勉強中、何度もお見合いはさせられました。しかし、これといって、気に入った相手にめぐり会わなくて。よほどいい人がいたら、結婚したでしょうが。結局、相手を決めるより、試験に受かる方が先でした」

筆者　「熱心に勉強してらしたから、お見合いに気乗りしなかったのではないですか」

中田　「そうね（笑）。でも、本当に素晴らしい人がいたら、結婚したと思いますよ」

〈変わった女性〉

当時、法律を勉強する女性は白い目で見られた。学生の頃、武藤家に夕飯を食べに来ていた野瀬高生は言う。

「ある晩、奥さんが僕に『嘉子、女学校を出てどうすると思う』と聞かれたので、僕は『花嫁学校へ行かれるんでしょう』と答えたら、『そうじゃないのよ、実は明大の法学部へ行くことになったのよ』といわれたので僕は絶句した。当時、女子が法律をやる等とはおよそ考えもつかぬ時代だったからである」（同書七四頁）。――自分も裁判官になった野瀬にして、こうである。まして、普通の人の反応はひどかった。

嘉子は書き残している。

「明大入学後、知人に出会ったとき今どうしているかと聞かれ、明大で法律を勉強していると答えると、とたんに皆一様に驚きあきれ、何という変わり者かという表情で『こわいなあ』といわれるのにはこちらが参ってしまった。以来、他人には法律を勉強していることは言うまいと決心したのであるが、自分でも少しは人と変わった道を選んだと思ってはいたが、何か日陰の道を歩いているような口惜しさを覚えずにはいられなかった」（前掲『女性法律家』六頁）

〈**青春**〉

はた目には法律を勉強する女性は「こわい」と見られていた。しかし、明治大学の女子部の少女たちは、楽しく過ごしていた。

女子部の法科で三淵の同級生だった、布施美子は語る。昭和七年（一九三二年）頃のことである。

「三淵さん、森さん、近藤さんと私の四人がべちゃべちゃ喋りながらいつの間にか四人組になってしまって駿河台下のぶらぶら歩き、若松屋のみつ豆、三省堂書店、ＹＭＣＡの水泳などいつも四人一緒でした。

三淵さんはまん丸のお顔でパッチリした瞳で……（中略）……ちょっと男っぽいところもあっていつの間にかムッシュという愛称を奉りました。

ある日の事……（中略）……ムッシュはこっくりさんなるものを持って来ました。割箸を組み立てて色占いをするのです。面白くてしまいには試験の出そうなところを教えてもらいましょうなど、大いに騒いだものでした」（前掲『追想のひと三淵嘉子』六〇頁）

なお、弟の輝彦によれば「武藤だから、ムッシュと言われた点もあります」とのことである。

〈**大学へ**〉

彼女は女子部から、明治大学の法学部に進んだ。昭和一〇年（一九三五年）四月である。

当時、ほとんどの大学は男性しか入学させなかった。明治大学は女性が入れる、数少ない学校だった。男女共学のはしりである。

女子部からの仲よし四人組は、そろって大学の合唱団に入った。布施美子は言う。

「ムッシュは声が大きくてよくひびくから『流浪の民』のソプラノソロはムッシュがいいと指揮の越地さんに言われました。

正月はお互いにカルタ会によんだりよばれたり、やはり若い時代は何もかも楽しかったのだなぁと思います。今別れてきて家へ着くなり、また三十分も電話で話をして父に叱られたこともあります」（同書六一頁）

嘉子は楽しく過ごしながらも、勉強はした。大学での学期末の試験について、堀きみ子は言う。堀は、女学校での友人だった。

「（嘉子さんは）試験の時、前後左右の男子学生が教えてくれとつっついてカンニングをせまられると、笑いながらおっしゃった」（同書五五頁）

弟の輝彦は言う。

「姉は、明大の法学部の卒業式で、総代として、卒業証書を受けました。総代は、男女合わせて、成績がトップということです」

第三節　プロフェッショナル――司法科試験に合格

〈司法科試験〉

昭和一三年（一九三八年）。嘉子は法律家になるための試験を受けた。高等試験司法科である。

彼女の弟である武藤輝彦は言う。

「姉が受験のために作ったサブノートは、半紙を二つ折りにして、問題と答えを対比したもの。これさえあれば、どんな馬鹿（?）でも合格という、大傑作でした」

筆記試験の第一日目について、弁護士になっていた野瀬高生は言う。

「嘉子さんも司法科試験を受けるというので僕もいささかお手伝いをした。ちょうどその論文試験のあった晩、奥さんが僕のアパートへ飛んで来られ『嘉子が大変なの。試験に失敗したと玄関に泣き崩れて動かないのよ』といわれたので、僕は武藤家へ駆けつけた。そして嘉子さんから答案内容を詳しく尋ねてみたところ、よく出来ていたので『絶対大丈夫』と励ましたら、嘉子さんも落ちついて翌日また受験に出掛けた。

後で聞くと、抜群の成績だったとの事である」（前掲『追想のひと三淵嘉子』七四頁以下）

〈口述試験〉

筆記試験にパスすると、すぐに口述試験があった。試験官と面と向かって、尋ねられる。口述試験の試験場に、裁判官の募集についての書類があった。嘉子が読むと「裁判官になれるのは、日本帝国の男子に限る」と書いてあった。彼女はこのときのショックについて、こう語っている。

「私はそれまで、日本の男女差別についても、あるがままに認識していたというか、特に憤るということもなかったのですが、（裁判官は）なぜ日本帝国男子に限るのか。同じ試験を受けて、どうして女子は駄目なのかという悔しさが猛然とこみ上げてきたことが、忘れられません」（横浜判事補会誌「浜千鳥」二号一四頁。三淵嘉子の講演の記録[※10]）

この悔しさは戦後、彼女が裁判官になるきっかけになったのだろう。

※10　横浜の判事補会のご厚意で、筆者はコピーをいただいた。

〈試験にパスする〉

昭和一三年の一一月。武藤嘉子、田中正子と久米愛が女性で初めて、司法科試験にパスした。新聞には彼女らの写真が載った。三人の母校である明治大学は、喜びに湧いた。

〈弁護士の見習い〉

昭和一四年（一九三八年）、嘉子は弁護士試補になった。一年半、弁護士の見習いをする。田中や久米も一緒に弁護士試補になった。田中（後の中田）は言う。

「私共三人はそれぞれ丸の内にある一流の法律事務所に入り、一年半の弁護士試補の修習をした。お昼など三人が毎日のように丸ビルのレストランに集まって情報交換やおしゃべりを楽しみ、お堀端を散歩したりした」（朝日新聞鳥取版、昭和六一年四月二五日付）

〈弁護士になる〉

嘉子は、見習いの期間を終え、昭和一五年（一九四〇年）の一二月、東京弁護士会に登録した。弁護士になったわけである。

弁護士になった頃について、嘉子はこう言っている。

「昭和一五年のことでございますから、（戦争のため）もう、事件が非常に少なくなっていました。翌一六年（一九四一年）に世界大戦が始まりますと、ますます民事裁判は少なくなって、弁護士の出番はあまりありませんでした」（「浜千鳥」前同頁）。

「弁護士になりたての頃、青くさい正義感の強かった私は、私の正義感に反するようなことをする人のためにも弁護活動をするべきかどうか悩んだ。国選弁護を引き受けないかと、ある先輩から見せられた刑事記録は悪質な強姦事件であった（当時は捜査記録が起訴状に添付されていた）。

どこか同情できる点がないかと隅々まで記録を読んだが、どうしても厳罰相当と思われ、弁護の余地がないと国選弁護を固辞したことがきっかけであった。こんな被告人にも弁護士の援助が必要であるということは、十分理解できるだけに、弁護義務の限界が大きな疑問となって、私の胸の中のわだかまりとなった。自由業だから嫌なら辞退すればいいでは済まされなかった。法律家である以上、法律の援助を必要としている人に力をかすべきではないか」(「婦人法律家協会会報」二一号一頁)

第四節 ═ 結婚

〈出会いと別れ〉

弁護士になった翌年の、昭和一六年一一月五日。嘉子は和田芳夫と結婚した。

彼女の弟である武藤輝彦はこう書いている。

「(姉は弁護士になって)結婚話とは縁遠くなり、周囲をながめて最も好人物であった和田芳夫と結ばれたのは二八歳の時です。(和田は)父の中学時代の親友の従弟で、父の関係した会社に勤めながら明大夜学部を卒業した努力家でした」(前掲『追想のひと三淵嘉子』三三〇頁)

筆者は武藤輝彦に会い、さらに詳しく尋ねた。

筆者「嘉子先生のご縁談は、少なかったのですか」

輝彦「お茶の水の同級生の皆さんは、いわゆる立派な大学を出て、一流会社に入ったような人のお嫁さんになっておられます。姉は法律を選びました。『お茶の水出』という、花嫁切符を捨てたわけです。母が心配したとおり、世間でいう『いい縁談』は、来ませんでした。

一人、嘉子と結婚したいと熱心に言った男性はありましたが。性格がもうひとつでした。

和田芳夫との結婚式(昭和16年)

和田芳夫は我が家にいた、書生さんの一人です。当時、ちょっとした家には、女中さんと共に、書生さんがいたものです。武藤家にも、郷里の香川県から次々と若者が上京して、書生をしてくれました。彼らは勉強しながら働いたのです。和田は明治大学を卒業しました。和田も、郷里から出て来て、我が家から、学校と仕事に通いました。古なじみな一人なわけです。彼は、周りにいた中で、最も気立てのやさしい、いい男でした」

〈不当〉

「結婚は、相手の性格がいいことが一番だ」と、筆者は思う。芳夫と結婚して、嘉子はよかっただろう。

しかし、一方、法律を勉強したというだけで、結婚の話が来なくなるなんて。何と不当なことか——。

輝彦は言う。

「当時の世間は、女性が勉強することを望まなかったのでしょう」

〈ひとつぶ種〉

結婚して一年二カ月後。昭和一八年（一九四三年）一月一日、ひとつぶ種の芳武が生まれた。嘉子の両親にとって、芳武は初孫である。目に入れても痛くないほど、かわいがった。

〈応召〉

子供が生まれて一年半後。昭和一九年（一九四四年）六月、夫の芳夫は兵隊にとられた。しかし、以前に肋膜炎をした傷あとがあって、召集が解除された。

しかし、翌二〇年（一九四五年）一月。彼はまた召集された。もう戦争の末期である。弟の輝彦はこう書いている。

「再度赤紙をうけた時は、少々の後遺症など論外。また本人もそれを強く主張することが出来ない雰囲気だったのでしょう。この気の弱さ、最高の好人物であったことが悔やまれます」（同書三三〇頁）

芳夫は戦地に行き、病気で亡くなってしまう。

〈疎開〉

戦争が激しくなるにつれ、生活が苦しくなった。長男の芳武が生まれて約一年後の昭和一九年二月。住んでいた麻布笄町の借家は、軍の命令で引き倒された。空襲による火事を防ぐためであろう。

嘉子らは高樹町に移った。しかし、翌二〇年五月。この家も空襲で焼けた。

弟の一郎の妻である嘉根と一緒に、嘉子は疎開した。嘉根は生まれたばかりの娘を連れていた。芳武は、二歳半だった。

四人は六カ月間、福島県の坂下の農家で暮らした。輝彦は疎開先の様子をこう語る。

「（姉がいたのは）畳もないゴザの上、ランプの灯の下で、ノミとシラミの巣の中、四方八方に頭をさげながらの食糧確保、ジメジメした裏庭での不便な炊事。田植えを手伝ったり、鍬を握ってお百姓さんの真似事を覚えました。幼い子を守る必死のタタカイを、生来の旺盛なバイタリティでとにかく耐えました」（同書三三〇頁）

豊かな家で育てられた彼女である。大変な苦労であったろう。

第五節　地獄の日々

終戦をはさんで三年の間に、嘉子は四つの葬式を出した。

まず、彼女のすぐ下の弟、一郎が戦死（昭和一九年〔一九四四年〕六月）。彼は、二度目の応召で沖縄に向かっていた。船が鹿児島湾の沖で、沈没した。

武藤家の長男が亡くなったわけである。しかも、遺骨は帰らなかった。遺品だけが父のもとに返された。

次に、嘉子の夫が軍隊で病死した（昭和二一年〔一九四六年〕五月）。和田芳夫は病気をするために兵隊に行ったようなものだった。中国に渡るとすぐ発病。上海で入院した。そして、長崎の陸軍病院までは帰って来ていた。

芳夫と嘉子夫婦の一人息子である和田芳武は、筆者にこう語った。

芳武　「父が危ないのですぐ来いとの電報がありました。しかし、その電報は、四国の本籍地あてでした。母は東京にいました。手元に届くまで時間がかかりました。

電報が家に着いたときのことは、今でも覚えています。家中、驚きましたから」

筆者　「まだ三歳でいらしたでしょう。よく、記憶にありますね」

芳武「ええ。強い印象でした」

嘉子は当時、明治大学の女子部で、民法を教えていた。ちょうど女子部で勉強していた、佐賀小里は言う。筆者の義母である。

「ご主人を亡くされ、嘉子先生はひどく泣いておられました。顔をむくませて、学校に来られました。涙で顔が紫色になった人を見るのは、私は初めて。『夫が死ぬと、こんなにつらいめにあうのか。それなら、私は結婚はするまい』と思ったほどでした」

さらに、嘉子の母、ノブも脳いっ血で突然、世を去った（昭和二二年〔一九四七年〕一月）。心労が重なったのだろう。

芳武は四歳。祖母の死去の日も、彼は覚えていた。

芳武「おだやかな日でした。母の嘉子は、洗濯物を干すため、さおをふいていました。祖母は井戸端で洗濯をしていて、急に倒れたのです」

筆者「どんなおばあさまでしたか」

芳武「行儀にうるさく、怒ると怖かったです。しかし、いつもはとても優しかった。祖母が四角いかごを背負ってぼくを中に入れ、新潟の瀬波温泉まで連れて行ってくれたこともありました」

嘉子の父、貞雄も九カ月後に亡くなった（昭和二二年一〇月）。

筆者　「おじいさまは、シンガポールやアメリカにも行かれ、進歩的な方だったそうですね」

芳武　「ぼくが覚えているのは、祖父がよく酒を飲んでいたことです。肝硬変になり、足がむくんで亡くなりました」

第六節　お役人になる

〈門をたたく〉

嘉子は相次いで、弟、夫、母と父に死なれた。幼い芳武をかかえて、生活していかなければならない。彼女はこう書いている。

「それまでのお嬢さん芸のような甘えた気持ちから、真剣に生きるための職業を考えたとき、私は弁護士より裁判官になりたいと思った。

昭和一三年に受験した司法科試験の受験者控室に掲示してあった司法官試補採用の告示に『日本帝国男子に限る。』とあったのが私には忘れられなかったのである。……（中略）……同じ試験に合格しながらなぜ女性が除外されるのかという怒りが猛然と湧き上がって来た。……（中略）……そのときの怒りがおそらく男女差別に対する怒りの開眼であったろう。当時は司法官のみならず女性は官吏には採用されなかった。……（中略）……

ともかく、私は男女平等が宣言された以上、女性を裁判官に採用しないはずはないと考えて裁判官採用願を司法省に提出した。当時司法省の人事課長であられた石田和外氏（後の最高裁判所長官）が、私を坂野千里東京控訴院長に面接させた。

院長は、はじめて女性裁判官が任命されるのは、新しい最高裁判所発足後がふさわしかろう、弁

司法省時代の嘉子

護士の仕事と裁判官の仕事は違うからしばらくの間、司法省の民事部で勉強していなさいといわれ、裁判官としての採用を許されなかった。間もなく新憲法が施行され、最高裁判所が発足するという昭和二二年三月のことであった」（前掲『追想のひと三淵嘉子』一一頁）

〈司法省〉

嘉子は昭和二二年（一九四七年）六月三〇日、司法省の民事部に勤め始める。「司法調査室」で仕事をした。彼女は次のように書いている。

「戦中戦後にかけて、家族を食べさすことに追われ、百姓仕事に没頭していた私は、町に降りて来た山猿のように何も分からず、与えられた机の前に座って周囲の人々の目まぐるしい動きをあっけにとられて眺めている有様でした。

当時、民法調査室は……（中略）……、民法の改正法案についてＧＨＱと審議を続ける一方、家事審判法案作成作業中だったと思います。

すでにでき上がっていた民法の改正案を読んだときは、女性が家の鎖から解き放され自由な人間として、スックと立ち上がったような思いがして、息を呑んだものです。始めて民法の講義を聴いたとき、法律上の女性の地位のあまりにも惨めなのを知って、地駄んだ踏んで口惜しがっただけに、何の努力もしないでこんなすばらしい民法ができることが夢のようでもあり、また一方、余りにも男女が平等であるために、女性にとって厳しい自覚と責任が要求されるであろうに、果たして、現実の日本の女性がそれに応えられるだろうかと、おそれにも似た気持ちを持ったものです」(「婦人法律家協会会報」一七号三頁)

〈リンゴのうた〉

豊かな家庭を作り、少年を守るため、家庭裁判所が作られた。昭和二四年(一九四九年)一月一日である。最高裁判所の事務総局にも「家庭局」を設けた。嘉子は家庭局にまわされた。

同僚の目に、嘉子はどう映ったか。八島俊夫は言っている。八島は後に、名古屋大学の名誉教授になった。

「和田さんは、いつも大きな風呂敷包みを持って通勤しておられました。当時、小さな子供さんをかかえての生活は大変だったようですが、そんな素振りは言葉にも態度にも何一つ現されることなく、あの可愛いえくぼのある丸ぽちゃの顔に、いつも微笑みをたたえながら、よく動いておられました。

私たちは、よき上司、すばらしい先輩としてだけでなく、その人柄に身近な親しみをもって接して……（中略）……おりました。……（中略）……

昭和二四年といえば、まだ食糧事情の不自由な時でしたが、仕事でおそくなったときなど、スルメやコロッケをさかなにして、焼酎で一杯やることがありました。時々、市川課長さん（元東京高等裁判所長官）から、貴重なウイスキーの差入れがあり大喜びしたこともあります。そんなとき、和田さんは、よく顔を出しておられました。

和田さんは、『コロッケのうた』や『うちのパパとママ』などうたわれましたが、皆が希望したのは、当時流行していた『リンゴのうた』でした。本当に、リンゴのように真っ赤なほっぺをして、きれいなアルトでたのしそうにうたっておられました。

ある時、和田さんが、『リンゴのうた』をうたわれた後で、私が、逆さまにうたいますといって、……（中略）……とうたいました。その時、柏木千秋さん……（中略）……がおられ『なんだ、文句はよいが、曲はひっくりかえっていないぞ。』とのするどい発言があり、大笑いしたことがあります。当時の家庭局は、そんな雰囲気でありました」（前掲『追想のひと三淵嘉子』九〇頁）

彼女の歌は裁判官だった市川四郎も覚えている。

「丸いにこやかな顔で歌う〝リンゴの歌〟はほんとうに紅いリンゴそのもののように愛らしく楽しく、皆が自然に手をたたいて唱和するように会のふん囲気を盛り上げるのが常であった。

その反対に〝アモンパパの歌〟の場合は、幾らか哀調を帯びた三淵さんの声で歌われると、主人公のパパがいかにも哀れにきこえて、特に一番最後の〝パパの一番大きなものは靴下の破れ穴〟というところになると、わたくしなどはそのつどシンミリした気持ちで、瞼の裏が熱くなったのを……（中略）……忘れることができない」（同書八九頁）

以上のとおり、嘉子の死後、二人も彼女の歌を書いている。

筆者は第一に、歌い方の描写が彼女に対する好意にあふれており、感動した。そして、第二に、三五年も前の歌が、生き生きと記憶に残っていることに驚いた。いかに、女性の法律家が注目されていたかが分かる。一挙一動を見られるのは、大変なことである。

第七節 いよいよ裁判官に

〈女性の裁判官〉

日本の女性裁判官の第一号は、石渡満子である。石渡は戦後、司法科試験にパス。そして、昭和二四年（一九四九年）の四月に裁判官になった。

和田嘉子も四カ月遅れて、同じ年の八月に裁判官になる。彼女が裁判官を志して、二年がたっていた。東京地方裁判所の民事部に配属された。

嘉子は後に、女性の裁判官についてこう書いている。

「地方の裁判所の中には女性裁判官を敬遠するところが多く、ことに小人数の……（中略）……裁判所は、女性裁判官は十分に活用できないとして歓迎しなかったようである。はじめて女性裁判官を受け入れる側には、女性に対するいたわりからか、たとえばやくざの殺人事件や強姦事件等を女性裁判官に担当させることははばかられるという気分があって、女性裁判官は男性裁判官と同じようには扱えないと思うようであった。従来の女性観からいえば無理のないことかもしれない。しかし、どんなに残酷な殺しの場面でも、またしゅう恥心を覚えるようなセックスの光景でも、一旦職務となれば感情を乗り越えて事実を把握しなければ一人前の裁判官ではない。女性裁判官は当然のことと考えていたにもかかわらず、周囲がうろたえていたように思う。女性が職場において十分に活躍できない原因の一つに男性側の女性への優しいいたわりから来る特別扱いがある。裁判官のみならず検察官、弁護士の場合でも、女性に対しては初期の頃は男性側が必要以上にいたわりの心遣いをし、それが女性法曹を扱い難いと思わせていたのではなかろうか。

職場における女性に対しては女であることに甘えるなといいたいし、また男性に対しては職場において女性を甘えさせてくれるなといいたい。私が東京地方裁判所に裁判官として配置されたとき裁判長がはじめていわれたことは『あなたが女であるからといって特別扱いはしませんよ』という言であった。その裁判長は私の裁判官生活を通じて最も尊敬した裁判官であった」（前掲『女性法律家』一四頁以下）

〈尊敬した裁判長〉

彼女が尊敬した裁判長とは、近藤完爾であった。

近藤は、当時をこう書いている。

「（和田さんは）裁判官としての法廷経験はこれからであったから、三人で相談して『当分の間』（三人の裁判官でやる）合議事件を増やしてできるだけ早く裁判事務に慣れてもらうことにした。……（中略）……

（和田さんには）先駆者に間々みられる気負いも、その反対の甘えも全然感じられず、極めて自然に明るくのびのびと仕事に打ち込まれ新しい経験の吸収に熱心であった。……（中略）……だから裁判官室はいつも明るく活き活きとして、思ったことは何でも言える雰囲気に包まれていた。……（中略）……

こうして三淵さんは急速に裁判所に馴染まれたので、……（中略）……単独事件にも大きく力を注ぐことになった。そちらでは、お手並拝見的な、いわれのない偏見に遭遇したこともあるらしいが、三淵さんがそれを歯牙にもかけず常に毅然としておられたのには敬服した」（前掲『追想のひと三淵嘉子』九三頁以下）

〈男をかつぐ〉

あるとき、東京地方裁判所で新しい裁判官の歓迎会があった。新人の裁判官の中に、井口牧郎がいた。彼はこう書いている。昭和二五年（一九五〇年）頃のことである。

「まだまだ物資窮乏のさ中、歓迎会といってもさほどの御馳走があろうはずもなく、……（中略）……

この日の飲物になぜか私一人おかしな酔い方をし、冷や汗は流れるし、裸電球がまばゆく黄色の光を放ち始める始末で、散会した後に至っても腰が立たなくなってしまった。……（中略）……先輩方は三々五々帰って行かれ、足腰の自由を失いかけた私が大いに困ったのは言うまでもない。この時助けていただいたのが他ならぬ三淵先輩だったのである。……（中略）……

三淵さんが、伸ばして下さった救いの手がいとも自然なものであったことは確かであるとして、……（中略）……庁舎を出て日比谷公園を横切り、日比谷交差点近くまで、ほとんど三淵さんに背負われるような格好で、連れて行っていただくことになってしまった。笑い事ではとても済まされないのであるが、格別にひょろ長な身長の私が恐らくはだらりと力ない姿勢で三淵さんの背につかまっているのだから、他人様から見れば例の落語の「らくだ」の歩く姿そのものであったのではなかろうか。……（中略）……

三淵さんのこよなく暖かいいたわりのお気持ちと、背のぬくもりが微妙に溶け合って、私には忘れようにも忘れられない思い出として残っている」（同書九九頁以下）

筆者は、このエピソードに感心した。もし、私が酔って動けない後輩に気がついたらどうするか。知らん顔はしないだろう。しかし、きっと帰りかけている男性たちを呼び止めて、何人かに、酔った人を連れて行ってもらうに違いない。自分で男性をかつぎはしまい。彼女の行為は、並の女性にはできないことである。

〈アメリカへ〉

嘉子が裁判官になった翌年。昭和二五年（一九五〇年）の五月である。彼女はアメリカへ行くチャンスを得た。家庭裁判所がアメリカでどう運用されているかを、見るためである。

約六カ月間、彼女は日本を離れた。一人息子の芳武は、当時いっしょに住んでいた、弟の輝彦の家庭に任せた。芳武は七歳。小学二年生だった。輝彦は、筆者に言った。

「芳武は成城にある、ゆかり文化幼稚園から玉川学園の小学部に進みました。どちらも、日本で最も自由な所でした。しかし、芳武は、そこですらはみ出す子でした。

彼は頭の回転は早いです。しかも、わくにはまりません。自分の思うとおりに行動しました。小学校の授業中に、一人で虫取りに行ったりするのです。私の妻も彼にはだいぶ、手をやきました」

芳武は、筆者にこう語った。

「昼間、母は裁判所に行っています。おばさんの温子さんには、とても世話になりました。ぼくは音痴でした。小学校でもまともに歌えませんでした。おばさんはオルガンを弾いて、ぼくに歌の練習をさせてくれました。

しかし、おばさんがいても、母がアメリカに行っている間はさびしかったです。授業はほとんどさぼって、遊び回っていました」

〈レインコート〉

芳武は当時、最も忘れられない思い出を筆者にこう語った。

「ぼくは小学校に着て行ったレインコートを、なくしたことがあります。昭和二五年頃ですから、まだ物がない時代でした。母は貴重な物がなくなって、よほど悔しかったのでしょうね。ものすごく怒りました。

ぼくに『どこに忘れたの。言いなさい！』と、大変なけんまくで怒鳴ります。ぼくは、わざと置いてきたわけではありません。どこに忘れたか、さっぱり分からないわけです。しかし、何か言わないと許してもらえません。ぼくは適当な所を答えました。するど、あとで小田急線の電車に忘れていたことが分かりました。営業所からレインコートが戻ってきたのです。ぼくは別の所に置いてきたと言っていたので、母はぼくを『うそつき』と、なじりました。ぼくは、心外でした。覚えていないものを強引に白状させられたのですから。とにかく、母は気性が激しかったです」

〈踏切〉

同じ頃、嘉子は同僚の小林哲郎に、こう言っていた。「近所に踏切があり、芳武君がこれを渡って通学しなければならないのが『とても嫌』だけれども、事故は考えないことにしている」（同書九七頁）

〈ときに涙〉

彼女の同僚であった倉田卓次は、こう書いている。倉田は、後に東京高等裁判所の判事

右が嘉子

になった。現在は公証人である〔平成二三年（二〇一一年）一月三〇日逝去〕。
「（三淵さんの）お宅に裁判長ともども招かれたことがある。農家の離れふうの建物を借りておられたようだ。とりの水炊きをよばれながら、初めて身の上話を聞かされた。……（中略）……（ご主人が）せっかく復員したのに疎開先へ十分な連絡がなく、面会できぬまま、病院で戦病死……といった話だったと記憶する。疎開先は蚤が多かった……『わたしはそんな大事な時なにも知らずに大騒ぎで蚤をとっていたのよ』。いつも明るい微笑みを浮かべている頬が、その時だけは、涙に濡れた。判事室では決して見せなかった『妻』としての一面だった」（同書一〇二頁）

〈**戦う**〉

筆者「ご主人を亡くされた悲しみを、日常、お母様から感じられましたか」
芳武「いいえ、全く。子供にさびしいなんて、言いませんよ。仕事を持った女性ですから。戦って生きています。弱音は吐きません」

第八節 名古屋へ

〈転勤〉

嘉子は、三年四カ月間、東京の裁判所で修行した。その後、名古屋に転勤した。昭和二七年（一九五二年）、一二月のことだった。名古屋駅前の電光ニュースに、「女性の裁判官が赴任」と流れた。

芳武は九歳。名古屋市立の山吹小学校に転校した。

筆者「東京では叔父様たちといっしょに住んでいらっしゃいましたね。名古屋では、家事はどうされたのですか」

芳武「郁子さんという、お手伝いさんが住み込みで、いてくれました。若い人でした。彼女は、母が裁判官なので、尊敬していました。母もぼくも、郁子さんに、とても世話になりました。

母は裁判所の職員旅行に行くときなどは、ぼくを連れて行きました。北海道の裁判所の寮に泊まったことを、覚えています」

〈講演会〉

裁判官のほかに、彼女は名古屋市の教育委員会で、社会教育委員をした。また、婦人団体の講演会でも話したりした。

名古屋大学の女子学生が、嘉子の宿舎に来たこともある。彼女は学生に語った。「裁判官の仕事は、世の中の掃除人のようなもので、決してきれいなものではない。でもまだまだ挑戦できる分野は、広いと思う」（前掲『追想のひと三淵嘉子』一〇三頁）

〈ラブレター〉

芳武「名古屋で、うちに時々、遊びに来ていた男性がいました。名前は申し上げられませんが」
筆者「裁判所の方ですか」
芳武「はい。また、母が亡くなったあと、持ち物を整理していたら、当時、別の人が母に書いた、ラブレターといえる手紙も、見つかりました」
筆者「ほう」
芳武「女性というのは、こんな手紙を大事にとっておくものなんですね」

第九節 再び東京へ

三年半いた名古屋をあとに、嘉子は転勤で東京に戻った。昭和三一年(一九五六年)五月である。

東京で彼女は、とんだ経験をした。当時、裁判官だった内藤頼博は次のように書いている。

「三淵さんがまだ和田姓で、東京地方裁判所の民事事件を担当しておられたとき、ある夜のこと、突然、私の家を訪ねてこられた。今日、訴訟の当事者のお婆さんに、洗面所でいきなり刃物を向けられ、刺されそうになった、というのである。危うく難を逃れたが、そのことで私を訪ねられたのであった。その出来事は、私も役所で耳にしていた。裁判所の中で、関係者が興奮のあまり狂気を発する例は、ときに聞かないでもない。私は、和田さんもとんだ災難にあったものだぐらいの気持ちで、その話をきいていた。しかし、その夜の和田さんは、真剣であった。相手を責めるのではない。当事者をそういう気持ちにさせた自分自身が、裁判官としての適格を欠くのではないかという、深刻な苦悩をうったえられたのである。

これは、裁判官にとって最も深刻な問題であろう。……(中略)……根本的な、人間としてのかかわり合いの問題である。……(中略)……考えようによっては、こんどの場合は、たまたま当事者の行動によって示されたから、まだいいともいえる。行動に現れないままの不満不信は、どんなに多いことか。私は、その夜、法を司る者が負う宿命について、裁判というものの悲劇性について、夜がふけるまで和田さんと語り合った」（前掲『追想のひと三淵嘉子』一一八頁以下）。

第一〇節 再婚

〈再び連れ合う〉

嘉子が東京に戻って来た頃のことを、裁判官の高野耕一はこう書いている。

「時々、三淵（和田）さんのお帰りになる時刻に判事室を訪ねてくる長身痩躯の英国型紳士に気付きました。お二人の親密さは、どうみてもただごとではなさそうでしたが、その紳士の方の思い入れは、遥かに三淵さんを上回っておりました。……（中略）……三淵さんも満更ではなかったようで、嬉しそうに連れ立って帰って行かれました。

私は心中ひそかにあの紳士は何者かといぶかっておりましたが、何かの折りに、あれが最高裁調査官の三淵乾太郎さんだよ、お二人はやがて結婚するのだということを人からと聞かされました」（前掲『追想のひと三淵嘉子』一〇九頁）。

乾太郎は、初代の最高裁の長官だった三淵忠彦の息子である。関根小郷が二人の仲を、取り持った。

内藤頼博によると、乾太郎は初め、「あの和田君がぼくのところへなんか来てくれるもんですか」と言っていたという。それが実を結んだ。彼らは昭和三一年（一九五六年）八月、結婚した。乾太郎は五〇歳で、嘉子は四一歳。彼女の前夫の和田芳夫が亡くなって、一〇年がたっていた。芳武は一三歳。麻布中学の二年生だった。

〈**乾太郎**〉

三淵乾太郎は明治三九年（一九〇五年）一二月生まれ。妻の祥子を病気で亡くした。祥子との間に、四人の子供があった。長女の那珂、次女の奈都、三女の麻都。そして、長男の力である。長女の那珂が、裁判官の八木下巽と結婚した直後に、乾太郎は嘉子と再婚した。家には奈都（二一歳）、麻都（一八歳）と、力（一四歳）が残っていた。ここに、嘉子と芳武が入って来たのである。

〈**迎える目**〉

乾太郎の末っ子の力は、嘉子についてこう書いている。

「ひと言でいえば、猛女であった。

私の父は明治三十九年生まれのひのえ午、俗にいう会津っぽの血が流れ、頑固一徹であった。継母、嘉子が三淵の姓になった時、我が家には、そのような父と、そのような父の血を濃くひいた私がいた。

一人息子、芳武を連れて嫁して来た時、継母は、さぞや敵地に乗りこむ進駐軍、といった心がまえであっただろう。

はたせるかな、昨日、仲むつまじかったかと思うと、今日はもう言い争い、といった風に波乱が起き、我が家は、平穏とはとても言い難い状態になった。

やがて、継母は持ち前の馬力で進駐した我が家の支配権を掌中にし、娘達を嫁に出し、二人の息子もどうやら育てた。

そして、仕事をした。

仕事ぶりがいかにスサまじいものであったか、は、おおよそこの追想文集でご判断頂きたい。

私は婦道記になぞらえて、子育てと仕事を立派にこなした継母を美化するつもりは全くない。

むしろ、仕事があったからこそ、家庭をなんとか世間並みのレベルで保てたのだろうと思う。生きる事にあれほど熱心であり、ひたむきであった継母の昔日を想うと、専業主婦であったなら、複雑な構成の我が家は、多分、崩壊したのではなかろうか。

自己に対するゆるぎない信頼があって、継母は、つねに我が家の正義であった。継母のミスを指摘し、糾弾することは、大変な勇気のいることであった。継母と麻雀を闘った人達はそのことをよく知っている。

しかし、私は、そのようにエゴをムキ出しにする時の彼女が好きであった。失礼な言い方だが『可愛い女性』であったと思う。

継母が亡くなって、寄せられる数々の弔慰のことばを聞きながら、私のしのんだのは、そのようにモロくて、可愛い、人間的であった継母のことである。

戦中、戦後を通して、あの時代を生き抜くために、つつましく、たおやかになぞ生きられなかった多くの女性達同様、継母はその死に至るまで闘って斃れた」（同書三三三頁以下）

〈入る側の目〉

嘉子の結婚について、輝彦は、こう言った。

輝彦「芳武は、今まで母一人、子一人で気ままにやってきました。いっしょに暮らす人間が増えるのが嫌だったでしょう」

筆者「お母さんの再婚に、反対されたのですか」

輝彦「もう中学一年生ですから。嘉子の話を聞いて、承知はしました。母親は、和田から三淵の姓になりました。しかし、彼は和田の姓を変えませんでした」

筆者「お二人とも、子連れの再婚ですから、大変でしたでしょうね」

輝彦「長女の那珂さんと、嘉子が時々、衝突したようです」

筆者「那珂氏はもう結婚して、別に住んでいらっしゃったのでしょう」

輝彦「はい。姉の嘉子は家の中のことを、自分ではほがらかに解決しているつもりでした。しかし、彼女は主観的だし、自己中心的です。那珂さんにしてみれば、妹や弟が心配だったのでしょう。長女ですから」

〈電話〉

芳武に会った際にも、当時のことを聞いた。

芳武 「三淵乾太郎が母にべったりでした。那珂さんには、父が母の言いなりになっていることへの反発があったのでしょう。

あるとき、母が那珂さんと、電話で言い争ったことがありました。母はすっかり興奮して、筋の通らないことを言い始めました。私が『やめろ』と母を怒って、やめさせました」

筆者 「嘉子先生がお書きになった文を読むと、理性的な方だという印象を受けますが」

芳武 「もちろん、母は職業人としては感情を出さずにやっていたと思います。しかし、日常は一人よがりのところもありました。本人は全く、悪意はないんです。自分が正しいと信じていました」

〈長女から見て〉

昭和六二年（一九八七年）の三月。筆者は、長女の那珂に会った。彼女の夫は裁判官を辞め、茨城県の土浦市で弁護士をしておられた。

静かな喫茶店で彼女の話を聞いた。昭和八年（一九三三年）生まれ。五三歳だった。初代の最高裁の長官の孫にあたる。

筆者はまず、彼女の趣味のよさに驚いた。上品な服をさらりと着こなしている。指には明るいマニキュアがあった。やせた、きゃしゃな人である。

那珂「父の三淵乾太郎は、戦前、北京で司法領事をしていました。実母の祥子は、その頃から結核で、寝ていました。

昭和二〇年、終戦で日本に帰ったとき、私は小学校六年生。末っ子の力は、四歳でした。母が亡くなったのは、昭和三〇年（一九五五年）七月です」

筆者「お父様はおととし（昭和六〇年〔一九八五年〕八月）に、亡くなられましたね。弟の力様は、お父様を『会津っぽの血が流れ、頑固一徹であった』と書いておられます。頑固でいらっしゃったのですか」

那珂「いいえ、全く違います。父は自由を愛する人でした。弟と私は、年が八歳、離れています。感じ方が異なるのかもしれません」

筆者「そうですか」

那珂「父は会津っぽではなく、イギリス紳士型です。

彼はアンドレ・モーロアの本が好きでした。お酒の席で、シューベルトの魔王をドイツ語で歌って、周りを困らせました。外国に旅行すると、美術館をめぐって楽しみました。

裁判官の中には、外食などなさらない方もいらっしゃいます。しかし、父は、家族をレストランによく連れて行ってくれました。

父と娘の関係も、ベタベタしてはいません。お互いに人間として認め合って、さらっとしていました」

筆者「嘉子先生と結婚なさる前、お父様からご相談がありましたか」

那珂「はい。父は恋愛至上主義でした。私も『パパがいいなら、いいんじゃない』と言いました。父の気持ちが第一だと思いましたから」

筆者「お二人は、恋愛結婚なのですか」

那珂「そうです。最初、引き合わせた人はいました。しかし、結婚したのは、互いに気に入ったからです。結婚する前の年は、父へ、よく夜に電話がかかってきました。かなり親しそうでしたよ」

筆者「継母がおできになることへの抵抗は、なかったですか」

那珂「私は継母という感覚は全くありません。『父の連れ合い』だと思っていました。それに、母は仕事を持っています。関心が外に向いているので、妹や弟のためには、よいと考えました。もし、相手が家庭にべったりいる人なら、再婚に反対したかもしれません。家族の構成が複雑になります。家のことしか頭になければ、トラブルが多くなるでしょうから」

筆者「ほかのごきょうだいも、すんなり嘉子先生を受け入れられたのですか」

那珂「みな、表立って反対はしませんでした。ただ、力は嫌だったかもしれませんね。力は末っ子で、実母をとても慕っていました。母が亡くなって一年後に、あとの人が来るということへの、反発はあったかも分かりません」

筆者　「再婚のあとのお父様を、どうご覧になっていましたか」

那珂　「父はもともと、好き嫌いが激しいです。例えば音楽なら、ドイツの歌曲が好きでした。歌謡曲やジャズには関心がなく、全く耳を傾けませんでした。

しかし、反面、父はいさかいが嫌いです。自分の好みと違っても、母が強く出ると『うん、うん』と言うのです。意見をぶつけ合うのでなく自分が引き下がります。私は父がもっと、彼女に対して強くなってくれればよいと思ったことも、ありました」

筆者　「嘉子先生は、どんな方でしたか」

那珂　「ひたむきな人ですね。父が脳梗塞で、体にまひが出たときは、いい病院や治療法を、それは熱心に探しました。

人にも、親身になって相談に乗りました。ですから他人にとっては、よかったでしょう。しかし、母は一人よがりの、自分の正義で憤慨することがありました。身内としては、つきあいにくかったですね」

筆者　「主婦としては、どうでしたか」

那珂　「日常の家事は、住み込みのお手伝いさんがやります。母は時間があって気が向けば、お料理をやりました。

私は母から『お客さんを呼ぶの。このあいだ作ってくれたお料理は、どうやって作るの』と聞かれて、料理ノートを渡したこともありました」

筆者「ペアのご夫婦としては、いかがでしたか」

那珂「二人とも、絵や焼物が好きでした。旅行も、よくしました。ゴルフにも行きました。父は、理屈でやるゴルフです。母は力で飛ばしました。

趣味のほかに、法律の話も二人でやってました。年をとった夫婦にしては、共通の話題が多かったです」

筆者「お話の内容が豊かで、いいですね」

那珂「しかし、裁判官は転勤があります。いつも同居できたわけではありません。東京と甲府、浦和と新潟に離れたこともありました。

父は身の回りの片付けは、自分でします。また、おしゃれですので、洋服も自分で買います。しかし、あるとき官舎の隣の方からおかずをいただいたそうです。翌日、食べたらいたんでいて、おなかをこわしたと言っていました。転勤先について行けない人を、自分で妻に選んだのですから、しかたないですよ」

〈いいじゃないの〉

土肥重子は、東京家庭裁判所の参与員である。嘉子の調停への関与についての印象。それは、遺産をどう分けるかの調停だった。前妻の子と、亡くなった夫を看病してきた後妻が争った。どちらも譲らず、感情的になっていた。

調停委員は、もう話し合いでの決着は無理だと考え始めていた。
そのとき、嘉子が、さっさと入って来て、後妻に言ったという。
「『あなた、再婚でしょ？　私も再婚よ――いいじゃないの。家なんか。返してあげなさいよ。私、再婚だからあなたの気持ち分かるの』といって、ジッと婦人の目を見た。
調停はこの一言で決着の糸口がついた。あの呼吸は、誰にも真似が出来ない。男性にはもちろん出来ない」（同書一八九頁以下）

〈**安心を得る**〉

一人息子の芳武に尋ねた。

筆者　「嘉子先生は再婚されて、よかったでしょうか」

芳武　「母にとっては、絶対、よかったですね。母は初めての女性の法曹の一人で、男の社会で戦っていました。安心して全てを話し、相談できる夫を得ましたから、幸せでしたね」

高木右門は、こう書いている。
「あるとき、旧地裁の片隅にあった本屋でおふたりの姿を見かけ、嘉子さんの乾太郎氏に対する姿勢がおのずからなる甘えを見せていて思わずほほ笑みを禁ぜざるをえなかったことを覚えている。いらいい、嘉子さんの前姓が私の心象から消え去って今も出て来ない」（同書一一五頁）

〈乾太郎の印象〉

また、芳武はこうも語った。

「母は三淵乾太郎を『処理が早いし、よく勉強する。仕事が好きなのね』と感心していました。母はもともと、勉強よりも遊びが好きです。仕事は『やらなければならない』という使命感でやっていました。好きではなかったです」

乾太郎について、高津環はこのように書いている。

「豊かな教養と気品のある風格を兼ねそなえた紳士で、……（中略）……お書きになった判例解説は、その内容もさることながら、いずれも香り高い名文で綴られており、並の法律家でない」（同書一二五頁以下）

〈仲むつまじく〉

裁判官だった土井博子はこう見ている。

「仲睦まじいご夫婦であった。乾太郎判事はどちらかといえば学究的な理想主義者であり、金銭には淡白、日常家事には無頓着な方であったようで、絶えず煙草を手にして居られたが、その灰の落ちる前に夫人が灰皿で受け止めておられたことがあり、家事一切のご苦労は夫人の方にかかっていたようである」（同書二一五頁）

平岡敏子は、次のように述べている。

「（嘉子先生が停年で）退官なさってからのある日、お宅に伺わせていただきました……（中略）……。ご主人様はその時もやはり少し健康を害しておられましたが、先生は何かと懇ろにご主人様の介添えをなさり、また話の輪にお入りになられるよう心を配られるなど、それはそれはお優しくてほんとうにそれは拝見していて心が暖まるような光景でございました」（同書三五五頁以下）

裁判官だった伊藤政子の思い出。

伊藤が結婚したとき、嘉子はこう言った。「夫婦の間には雑草が生えやすいものです。結婚生活を続けるためには、その雑草を小まめに取り除くようにすることですよ」と。この言葉は、二五年以上たっても伊藤の中に生きているという（同書一八五頁による）。

第一一節 裁判所長に

〈新潟〉

乾太郎と再婚して、一六年目。昭和四七年（一九七二年）の六月。嘉子は新潟家庭裁判所の所長となった。

新聞の冒頭は「わが国で初めての女性の裁判所長が十五日付で誕生」。彼女の「裁判が男性だけで運営されるのは片手落ち」との談話が載った（朝日新聞、昭和四七年六月一五日付）。

嘉子は全力で、所長の大役をこなした。当時、新潟家庭裁判所の事務局員だった永井茂二は以下のように書いている。

「三淵さんが、……（中略）……私に示されたのは次の三点であった。

①　職員は、誰でもよいところがあり、その素質を発揮できると思います。私はその人、その人の持ち場を考えた人事をやりたいと思っています。

②　新潟の人は、県民性に由来するのか概して目さきのきく人より誠実の人が多いです。そのため、通達、指示等の運用面で弾力性を欠くことがあります。……（中略）……判断力と実践力が身につくように訓練して下さい。

③　地裁と家裁それぞれ持ち分があります。……（中略）……地裁サイドで司法行政が処理され

るようでしたら敢然と抗議する気構えでやって下さい」（前掲『追想のひと三淵嘉子』一七七頁）

「（所長の）ご活躍ぶりは、その息のかかった職員の一人一人に深い感化を及ぼし、その訓は胸に刻まれている。当時の職員が寄ると『あんな楽しい時代はなかった。』といつも語り草となる」（同書一七六頁）

「（三淵さんは）講師派遣を積極的に推進され、その先頭に立って実践された。当時の日誌をひもとくと、三淵さんは、公務の間をさいて月平均二回、多い月は三、四回も講演に出かけられている。……（中略）……公共団体主催の講演会から婦人会、幼稚園……（中略）……わけ隔てなく出かけられた」（同書一七八頁）

彼女は、ＮＨＫ新潟や、新潟放送のテレビでも、話をした。

また、嘉子は太平洋岸育ちである。越後の四季はめずらしかったようだ。好奇心の強い方である。わずか一年四カ月の在任中、県内の名勝旧跡や各地の祭事のほとんどを見た。

三淵は公私の別をはっきりした。職員に案内させず、自分でカメラを肩に、気軽に出かけた。ときおり、夫の乾太郎も新潟に来て、いっしょに回った（同書一七九頁による）。

〈**浦和**〉

昭和四八年（一九七三年）の一一月から、昭和五三年（一九七八年）一月までの四年三カ月間。

嘉子は埼玉県の浦和家庭裁判所の所長を務めた。

浦和でも、彼女は裁判所の職員に慕われた。裁判所外では、少年育成の仕事をしている人とも、広く付き合った。

埼玉婦人少年室の室長と、県の母子福祉センターの所長が女性で、嘉子はよくいっしょに食べ歩きもした。三人がある店で、「おいしいわ」「どうやって作るのかしら」と言いながら、食べていたときである。同じ店でマイクを回して歌っていた若いＯＬ（女性の事務員）たちがいた。ＯＬの一人が、「おばさんたちも歌ってよ」と、嘉子ら三人に突然、話しかけてきた。婦人少年室長の高野百合子は一瞬、たじろいだ。一方、嘉子は気軽にマイクを受け取り、宝塚歌劇団の『すみれの花咲く頃』を歌い始めた。

かれんに、楽しく歌った。彼女の顔は、輝いていた。嘉子が女性法曹の大物とは知らず、ＯＬは言った。

「いい歌!!　オバサマうまいじゃない」と――（高野百合子、同書二八六頁による）。

〈横浜〉

昭和五三年の一月から、停年退官までの一年一〇カ月。嘉子は、横浜家庭裁判所の所長だった。

横浜の家庭裁判所は、調停室の壁が薄汚れていた。調停室では離婚しそうな夫婦が、話し合ったりする。三淵は調停室の壁を、真っ白に塗り変えさせた。そして、壁に絵を掛けた。カーテンも新しくした。

さらに、昼休みに、裁判所の廊下に、静かな音楽を流した。午後の調停の始まりを待つ人のためである。

家庭裁判所には、家庭の悩みを抱えた人が来る。少しでも心をなごませようとの配慮だった。また、彼女は当事者の一方が暴力をふるったときのため、調停室に防犯ベルをつけた。裁判所の職員は「たいした所長さんが見えたもんですな。ちょっと思いつきがいいじゃない？」と言い合った（同書一九四頁以下による）。

筆者も、嘉子の心配りに感心した。しかも、よいと思ったら、すぐに実行している。普通、裁判官は裁判所の中の状態を変えることに、とても慎重である。批判をおそれるからだ。

〈女性裁判所長〉

嘉子は、新潟、浦和と横浜、合わせて三つの裁判所の所長をした。女性の所長は、日本で彼女が初めてだった。しかし、三淵が所長をしたのは、「地方裁判所」ではない。いずれも、「家庭裁判所」であった。

地方裁判所は、第一に、金の貸し借りや、家の明け渡しなど、私人の争いを解決する（民事事件）。第二に、おとなの犯罪に、どんな刑を与えるのかを決める（刑事事件）。

他方、家庭裁判所では、第一に、離婚や遺産分割など、家庭のトラブルを扱う（家事事件）。第二に、未成年者の非行や犯罪を扱う（少年事件）。

〈なぜ家庭裁判所か〉

なぜ、嘉子を地方裁判所の所長にしなかったか。理由の一つは、最高裁判所が当時、女性の力量を信じ切っていなかったからであろう（消極的な理由）。所長は、一つの裁判所でトップの管理職。職員を公平に扱わなければならない。また皆を引っ張って、仕事の能率を上げる必要がある。地方裁判所のめんどうな仕事が女性に務まるかどうか、最高裁は不安を持ったと思われる。もし、嘉子が所長の務めを十分に果たせなくても、家庭裁判所なら、傷が浅い。なぜなら、家庭裁判所は主に、一つの家庭や、一人の少年の問題しか扱わないからである。直接、社会に影響することが少ないのである。

三淵を家庭裁判所の所長にした理由の第二。それは、彼女が家事や少年の問題に、とても熱心だったからである（積極的な理由）。

男性の裁判官の中には、地方裁判所の仕事を大事だと見て、家庭裁判所を軽く考える人もある。しかし、「三淵さんの少年部における活躍は目ざましかった。少年審判という制度も、三淵さんによって命を吹き込まれた。多くの人が、三淵さんによって少年非行に対する眼を開かれた」（同書一一九頁）と、内藤頼博は書いている。

熱意は行動の源である。やる気のない所長には、職員はついて来ない。彼女は家庭裁判所にうってつけだった。

〈細かい気配り〉

男社会で、女性が管理職に就くのは難しい。今まで、女性は一段、低く見られていた。男性の上に立つと、反発される。だから、嘉子は細かい気配りをしていた。

東京家庭裁判所の参与員である土肥重子はこう書いている。参与員とは、家庭裁判所で裁判官が審判するとき、意見を述べる、民間人である。

彼女が嘉子に、ヨーロッパの香水をお土産に持って行ったときのことである。

「三淵さんは、ていねいにお礼を述べたあと、『でも、あたくしは、香水をつけないのよ。法廷で、香水のにおいがすると、書記官が、気になるらしいの。だから、もう若いころから、香水なしで過ごしているのよ』といった。その言い方がサッパリしているので、贈った方も、全然、傷つかなかった。だが、男性の中で、人知れず苦労を重ねたであろうことは、十分に想像された」（同書一九〇頁）

弁護士の堀越みき子は次のように書いている。非行に走って、家庭裁判所に送られてきた少年が入室してきたときのことである。

「瞬間、三淵先生は、いともさりげなく、左手薬指にはめていらっしゃった指輪をクルッと回転させて、手のひらの側に移動させ、宝石を少年の目に触れさせないようになさいました」（同書二六八頁）

第一二節　退官の日

〈去る〉

地方裁判所と家庭裁判所の裁判官は、六五歳が停年である。昭和五四年(一九七九年)一一月。嘉子は停年で、裁判官を辞めた。横浜家庭裁判所の所長が最後の職だった。

調停委員や地域の有志など、たくさんの人が、別れのあいさつに来た。送別会も盛大に行われた。古い職員が「こんなに多勢の方が所長にお別れを惜しむのは、初めてです。全てが記録的です」と言った。

〈えんじのベレー〉

嘉子は退官の日の午前中まで、裁判官として仕事をした。全ての仕事を終えると、秋空の下、裁判所の職員と記念撮影をした。彼女は、えんじのベレーに、紺のスーツだった。たくさんの人々が、玄関で見送った。嘉子は、目にいっぱい涙を浮かべて、乗用車の座席から手を振った(前掲『追想のひと三淵嘉子』一九九頁による)。

見送りの人の姿が小さくなる。深々と座席にもたれて、彼女は何を思っただろう。日本で初めて、女性で法曹になった人。そして、初めて裁判所長にまでなった人に、停年が来たのである。

第一三節　野に下る

〈神の啓示〉

一人息子の芳武が、筆者に嘉子の日記を提供して下さった。貴重なものであり、厚く感謝している。

退官から三カ月後の、彼女の日記から（昭和五五年〔一九八〇年〕二月二九日付）。この日は知人の萱野章次郎の一周忌の日である。

「萱野氏の一周忌が、一〇時から、上智大学の礼拝堂で行われる。神父から奉仕のための人生についてお話あり。『章次郎さんの一生も、奉仕を教えておられる』と、言われる。……（中略）……神父のお説教としてうかがったわけであるが、私は何か神の啓示のように聞こえた。

退官後のことについては、在官中は何一つ考えなかったし、また、考えられなかったというのが、本当であろう。在官中は仕事に専念すべきであると信じていたので。

そして、退官後も隠居というよりは、積極的な現役としての仕事が何か出てくるものと、思い込んでいた。しかし、何の準備もなく、また、他に知己を持たぬ私としては、向こうから仕事が来るわけもなく、自分で開拓していかねば、これからの人生の途はついていかない……（中略）……。

久米（愛）さんにしても鍛治（千鶴子）さんにしても弁護士以外の仕事としては、国際婦人年ということもあって、婦人問題である。しかし私は、婦人問題については今まで関心がなく、男性と同じように生きることが、人間としての生き方であろうと思って、歩んできた。今までの生き方からして、今さら、婦人問題に興味を持つわけにもいかない。

弁護士か、青少年の問題こそ、興味があるが、弁護士として生きがいを感じるには、事務所を持って、現役の職業として事件をこなしていかなければならない。それには少し遅すぎるような気がする。三淵（乾太郎）のように、優雅に、向こうから来る事件から選択するということは、私には許されないであろう。

また、婦人問題や社会問題に首を突っ込むには、余りにも何も知らないし、知り合いもない。やはり、今まで生きてきた法曹の社会

嘉子の日記と手帳（外観）

で、これからの生き方を求めるほかない。
そんなことに、この頃悩んでいたとき、今日の神父の説教は……（中略）……、私への指針を示されたように思われた。もう私の、生々しい欲望も含めた生き方は、一応、終わったのであるから、これからは返礼の人生として、少しでも社会へ私の持つものを返して、生きていこうと思う。三淵（乾太郎）が弁護士を始めたときも、きっと、こんな気持であったのかと思う。つくづく、そう思う。生々しく生きていた私は、それに対して、弁護士業としてどうあるべきかなどと、いらざることを口出したことを、今になって、申しわけなく思うのである。
明日から、ルックのオーストラリアの旅に出るが、この旅行を一つのけじめにして、帰国後の生き方を決めていこうと思う」（同日記から）
普通、これだけの自己分析はなかなかできない。頭のいい人である。また、在官中は仕事に専念すべきだから、退官後のことは考えなかったというのに、筆者は感心した。誠実である。通常、裁判官を辞めて弁護士をやる場合は、辞める前に、これから所属する弁護士事務所を、決めておく。

〈男女平等と座長〉

退官のあと、嘉子はいくつかの公職を持った。野に下って一カ月後の、昭和五四年（一九七九年）一二月から、労働省の男女平等問題専門家会議の座長となった。

労働省の婦人少年局長だった、高橋久子はいう。

「男女のとり扱いをどこまで同じにすべきなのか、……（中略）……人によって、立場によって、考え方が異なり、委員の意見は、時に対立し、時にすれ違い、審議は難航をきわめた。一時はどうなることかと思われた会議を、最後までリードし、何とかとりまとめるまでに漕ぎつけたのは、三淵先生の男女平等の実現にかける情熱と、座長としての公正な姿勢、そして、何にも増して明るい童女のような魅力のあるお人柄によるものにほかならない」（前掲『追想のひと三淵嘉子』二七九頁）。

嘉子がまとめた報告は、「雇用における男女平等の判断基準の考え方について」という題である。昭和五七年（一九八二年）の五月に、労働大臣に渡された。

そして、この報告は「男女雇用平等法」に生かされた。

〈多方面に〉

そのほか、嘉子の退官後の仕事は次のとおりである。

昭和五四年（一九七九年）六月　「日本婦人法律家協会」（現在の「日本女性法律家協会」）の会長

昭和五五年（一九八〇年）一月　東京家庭裁判所の調停委員と参与員

同右　弁護士登録（第二東京弁護士会）

昭和五五年（一九八〇年）五月　「東京少年友の会」の常任理事

昭和五六年（一九八一年）一〇月　「社団法人農山漁家生活改善研究会」の理事

昭和五七年（一九八二年）八月　東京都の人事委員会の委員
昭和五八年（一九八三年）七月　労働省の「婦人少年問題審議会」の委員

〈バイタリティ〉

山脇哲子。筆者が司法修習生として法律の実務の勉強をしていたとき、同じクラスだった。筆者は東京で、法律実務の修習をした。山脇は横浜だった。彼女は、ちょうど、横浜の家庭裁判所で所長をしていた三淵に会っている。

また、山脇は、「日本婦人法律家協会」（現在の「日本女性法律家協会」）の役員もした。だから、彼女は、嘉子が退官後、同協会の会長をしていた頃も知っている。

三淵の死から二年半後の、昭和六一年（一九八六年）一二月。筆者は山脇哲子に会いに行った。彼女が弁護士になって、六年半がたっている。彼女は、小さいが自分の弁護士事務所を構えていた。筆者は一年間、検事をしたあと、家庭に入った。子育てに振り回される毎日である。

山脇と筆者は、六年ぶりの再会だった。東京の築地にある「らく万」という割烹で、二人は向かい合った。顔を合わせると、すぐに打ち解けた。

筆者「横浜の家庭裁判所での、三淵先生はどうだった？」

山脇「ふっくらとしたお顔で、笑うとえくぼができる。私たち司法修習生にも『こんな非行をしてきた少年がいるの。どんな処分にしたらいいかしら』と、意見を求められた。おだやかで、暖かい印象ね」

筆者「所長の仕事と、家庭は両立できていたのかしら」

山脇「ちょうど、ご主人が健康を害しておられてね。家政婦を頼んでいらした」

筆者「再婚されて、二〇年以上たっているものね。ご主人のお子さんは、みな、独立しておられた。もう、家庭内のかっとうは過ぎていたんでしょうね」

山脇「そうね。でも、家事が一番大変なときも、三淵先生は、かわいさとバイタリティで、乗り切ってこられたと思う。家事と仕事の両立が、頑張っても頑張ってもできないじゃなくて、やればやってこれた。だから、あんなにかわいい顔してられるのよ」

〈だだっ子〉

筆者「退官されて、婦人法律家協会でお会いしたときは、どうだった?」

山脇「横浜の頃と、だいぶ、印象が違った。所長のときは、三淵先生、緊張してらしたみたいね。まわりの人に、すごく気をつかっておられた。

でも、婦人法律家協会では、先生はかなりわがままだった。協会は女性だけの『身内』で気安かった。先生は居心地がよかったのだと思う。例えば、ほかの婦人団体の行事に、協会が招かれた場合、協会の幹事会で、出席するかどうか話し合う。三淵先生は、すぐに自分で決めるのね。『この行事には私が出るわ』とか、『この団体には返事を出さず、放っておきましょう』

とか。

普通、リーダーは、まず、みんなの考えを聞くわよね。そして全体の意見をまとめるでしょう。ところが、三淵先生は、すぐ、『わたし、こうしたいわ』と言っちゃう。ある意味ではだだっ子みたいだった。

もっとも、三淵先生の意見は、ほとんど妥当だった。また、どちらでもよい問題だから、周りもあえて反対しなかったけど」

筆者「三淵先生は、押しが強いの？」

山脇「そう。押しは強い。協会の幹事の、あとがまが決まらないとね。三淵会長が『私が説得するわ』と、おっしゃるの。ご自分も、押しの強さを自覚しておられた。

私も先生からのお話で、幹事にならされた」

筆者「そう」

山脇「わがままなところも、魅力だった。得な人ですね。理性的というより、感情的だったわね」

筆者「私が婦人法律家協会の総会でお見受けしたときはね、すごく貫禄があった。ゆったりとした、大物って感じ。『ああ、この人が三淵先生か』って思いましたね」

嘉子のだだっ子ぶりは、マージャンをするときに、よく表れた。勝負事には、人柄が出る。一人息子の芳武は、筆者にこう語った。

「ぼくの友人が遊びに来たとき、マージャンをやりました。父の三淵乾太郎、母の嘉子、友人とぼくの四人でした。

嘉子はマージャンを必死でやります。母が高い点の手を狙っているとき、ぼくが安い手で先に上がってしまいました。すると、母は烈火のごとく怒りました。そして、ぼくに『この親不孝者！』と、どなるのです。ぼくは母が怒るのには、慣れています。しかし、友人はすっかり、ビビッていました」

〈金沢旅行〉

退官して二カ月後の、嘉子の日記（昭和五五年一月一三日付）。三淵乾太郎の末っ子である、力たちと、石川県に旅行している。

「七時四五分の全日空で、力夫婦といっしょに、金沢に行く。

一時間余りで、小松空港へ着く。地上に雪はあるが、雨もよう。

金沢へ着くと雪はすっかり消えて、雨になっている。バスを片町で降りて、犀川あたりの『かわ新』という、力さんの常宿の割烹旅館へ行く。

きょうは日曜で、いろいろのお茶会などあり、満員ということで、四階の『天鼓』というラウンジへ行き、昼食に、この店の経営する懐石料理『吉祥』の弁当をとる。子をまぶした、たらの刺身が鯛のように美味。

夜の加賀料理で、酒蒸しがでたが、火を通した、たらは、あまりおいしいとは思わぬが、刺身ははじめてであり、美味であった。

力は、『冬のたらが食べたくて来た』と言う。

新潟でも（新潟の裁判所にいた頃）、冬はたらがおいしいと言っていたが、一匹買わねばならなかったので、食べたことがなかった」（同日記から）

以前は、確執もあったはずの力との、おだやかな一日である。

〈『黒人の詩』〉

野に下って一年四カ月後の日記には、こう書いてある（昭和五六年〈一九八一年〉三月二二日付）。

「テレビ朝日で『黒人の詩』マイヤーアンジェラスを見る。三歳で父母が離婚。母の愛人に、一七歳で強姦され、子を生み、売春婦や売春宿のおかみなどをした。

自叙伝がベストセラー。詩人で自作の力強い詩をテレビで放送しているという。

退官後の旅行先にて

母校の高校を訪れるが、そこも荒廃している。しかし、彼女は生徒たちに、自分を高めるために学ぶことを忘れてはいけないと語りかける。彼女は常にトップの成績だったという。母校の壁にも、出身者の一人として、肖像が飾られている。

黒人でどん底の生活をして、そこからはい上がって、黒人社会の良心として尊敬されていることに、アメリカの自由な豊かな社会を見る思いがする。堂々と売春婦、父のない子を生んだことを公にしながら、居直った太さではない。繊細なインテリジェンスを感じさせる。彼女を社会が受け入れているということは、日本では考えられない。

日本は狭く、そしてあるべき型にはまっていなければ許されぬ社会だと思う。

そして、彼女の詩は、弱い人を励ます、実に力強いたくましいものだ。これは彼女の今日ある、本当の姿なのだろう。感銘を受けた」(同日記から)

六六歳で書いたとは思えぬほど、素直な感動が表されている。嘉子の魂も開かれていた。男社会で生きてきた嘉子である。日本はあるべき型にはまっていなければ許されないと言っているのが、痛々しい。

〈亀のおまじない〉

嘉子の死後、彼女の友人の平野露子は、こう書いている。昭和一九年（一九四四年）頃のことである。

「私の主人が応召した時、嘉子さんに勧められ、必ず帰還するおまじないに墨で亀の背中に主人の名を書き二人で日比谷公園の池に放ちに行ったことがある。

　真夏の灼けるような日差しに、お酒をふりかけられた亀はのろのろと、まるで軍隊では要領の悪い主人の姿よろしく水に沈んで行った……（中略）……。

　おまじないが効き、主人は病を得つつも帰還、嘉子さんのご主人は帰還後すぐに逝去されて辛い想い出となった」（前掲『追想のひと三淵嘉子』五七頁）

　亀を放って三七年後の、昭和五六年の日記に、嘉子は記している（三月二三日付）。

「裁判所の午後の調停に出勤する途中、日比谷の鶴の噴水のある池の端をブラブラ歩いていると、六〇歳を過ぎた男の人が、私に話

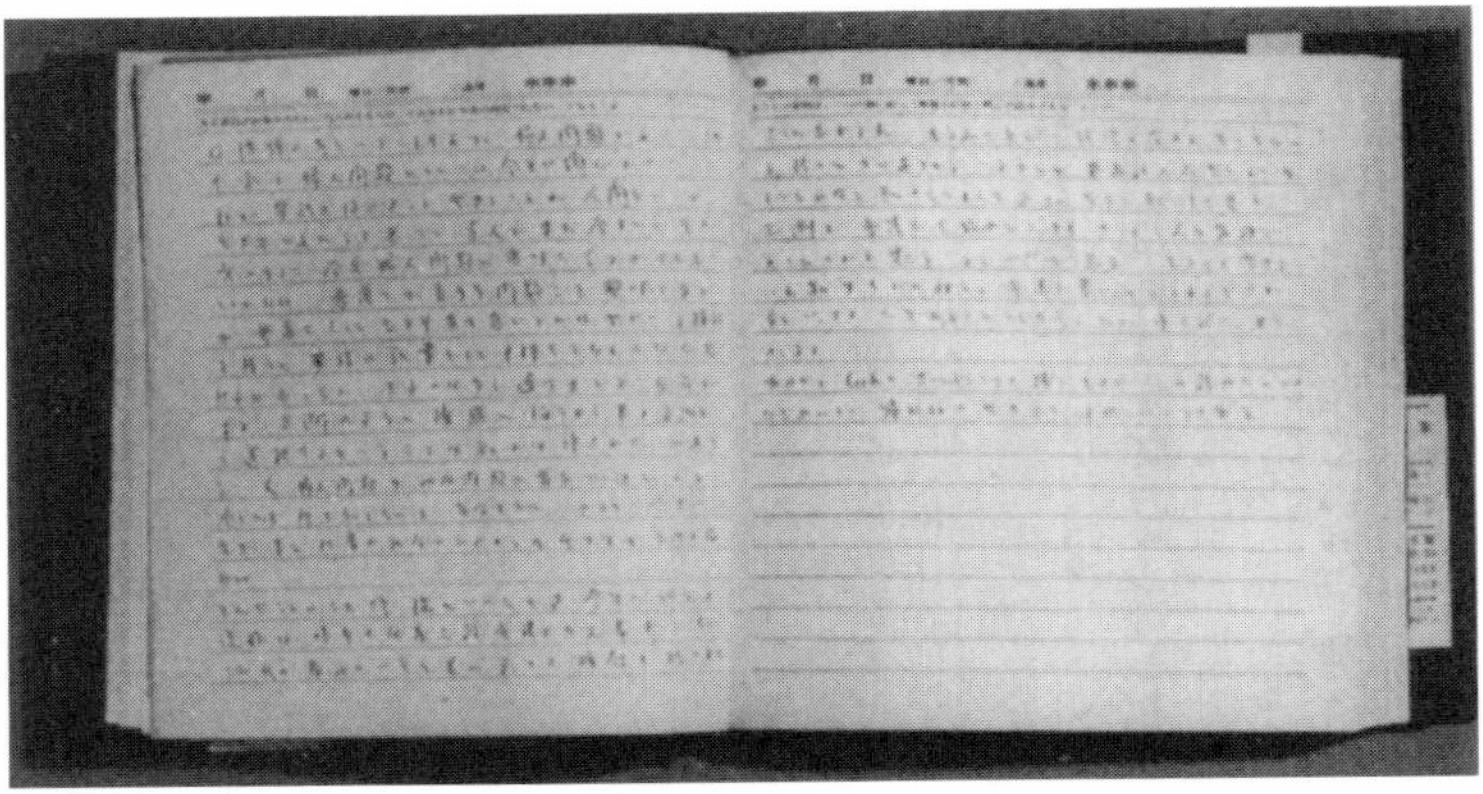

嘉子の日記（内部）

しかけてきた。『あの亀は生きた亀ですか』

池の水ぎわに、亀が首を伸ばして、不動の姿勢でいる。反対側にも、動かぬ亀がいる。いずれも相当、年を経た亀のようだ。

『生きていると思います。そういえば戦争中、徴兵のがれに、亀の甲にその人の名を書いてこの池に離すといいということで、私も友人といっしょに、ここに来たことがあります』。私は、平野露子さんといっしょに平野さんのご主人のために、おまじないをしに来たことを思い出して、老人に思わず、そんなことを話してしまった。『そうですか。余り動かないものですから、生きているのかしらと思って』。その人は、『失礼しました』とあいさつをして歩いて行ってしまった。

余りにも品格のある亀の姿に、私は戦争中に願をかけて放たれた亀が、三〇年あまりここに住みついていたに違いないような気がしてきた」(同日記から)

平野露子は、前記の亀を放ったとの追想文を書いたとき、嘉子がこんな日記を残していたとは、夢にも思わなかっただろう。

二人にとって、忘れられない思い出であった。

〈正月〉

退官して二年二カ月後の、正月の日記から(昭和五七年〔一九八二年〕一月二日付)。

「暖かくてストーブの、要らない正月。平和で無気力な、温和な暮からの日々。こんなのんびりした冬休みは、近来になかったように思う。

昨年は、六月から九月まで、乾（夫の乾太郎）の健康で、やっきになっていたせいもあって、乾が健康をとり戻した安心感が、こんなに無気力になった原因かもしれない。

退官してはじめて、何からも解放されたような、言い換えれば何もすることのない年の暮であった。たまには、こんなこともよいのではないか。

元旦には乾と二人で、二時ごろ明治神宮にお参りする。明治神宮は毎年、日本一の初もうで数といわれているが、暖かいし、緑の多いところを散歩したくて出かける。

原宿では、特設出口から降り、参道に入ると、大変な人。西側二メートル位は、緊急通路に区切って使わせず、参拝する人達だけの一方通行であるが、警察官の規則に従って、ゆっくり止ったり動いたりして進んで行く。

昔の大かがり火をたきながらの参拝の風情はなく、初もうでも管理された状態で、ただ、それに従うのみ。何とも味気ない。押し合うこともなく、怒りもせず、全く静かに管理され切っている人々の姿は、何か空恐ろしい感じさえする。

乾は元気に代々木まで歩き通す。途中、休みもせず、大した回復ぶりである。帰宅は四時すぎ。

今日、二日は、一二時すぎから目黒不動にお参りする。途中、大鳥神社にも寄る。ここは日本武尊と弟橘媛が祭神であられると知る。オオアオカシが天然記念物に指定されているとか。葉が普通のカシの二倍もあり、厚みもあるとのこと。

目黒不動は、本殿が新築され、朱丹金色で賑々しい。露店が出て、ここは正月らしい賑いである。お好み焼、タコ焼、焼きそば屋が、ほとんどである。切り餅も、おいし門前の『だるま』という生菓子屋で、大福や、茶まんじゅう、金つばを買う。そうなので、一袋買う。

子供のころの餅菓子を、思い出させる味であり、値段は、一ヶ六〇円から八〇円。餅菓子というものは、安くて美味しい野趣がなければ、だめだ。上品ぶった餅菓子くらい、味気ないものはない。このごろは、そんな餅菓子にぶつかったことがない。

とても懐かしく、味も上品ぶらぬ、庶民の味であった。昔と違うのは、余り甘くない点だけで、これは今風で、及第だ。

餅を買ったのは、元旦、二日と、雑煮の餅にあきたらなかったからだ。……（中略）……新聞によると、餅米が少なくて、うるちを入れたり、とうもろこしの粉まで混ぜるということだから、正月の餅も、昔のように咽喉につまるものはなく、全く安全な、そして、まずいものになったのであろう。

『だるま』の餅は、帰って焼いて、海苔をまいてみたが、よく伸びる餅であった。もっとも、雑煮に入れてみないと、焼餅では本性がよく分からぬようなので明日の三日の雑煮で試してみるのが、楽しみである」（同日記から）

夫も健康を取り戻した。退官後の、おだやかな正月であった。

〈知的な感動〉

同じ正月の一九日、嘉子の日記である（昭和五七年一月一九日付）。

「労働省で、男女平等の専門家会議の、平等基準の案を検討した後、高島屋に佐藤忠良の彫刻展を見に行く。和田委員に先日私が推奨したところ、見て来られて、すっかりトリコとなって、私にぜひ行けと言われる。五時半ころ入場する。

母の像、オリエ像その他身近な方々の胸像は、一つ一つ美しい。日本人の顔が、こんなにも美しいかと、生まれて初めて知ったような思いがする。美人でも美男子でもないが、どの顔も美しい。男は男なりに、女は女なりに、子供は子供なりに、人間として精いっぱい生きている美しさとでも言おうか。

佐藤氏の人間に対する愛情が、芸術の上でも昇華されているのであろうか。佐藤氏は、今、日本で、そしてロダン記念館で催した、パリーでの展覧会の結果、フランスでも人気のある彫刻家だという。その人物の清潔さが、そのまま作品に表れている気がする。芸術的にいかに秀れていても、見る者に共鳴感を与えぬ作品は、私は魅力を感じられない。佐藤さんは、そういう意味から言えば、類稀な芸術家だと思う。今まで彫刻に、余り興味を持たなかった。——ロダンの彫刻でさえ、余り感銘を受けなかったのに、今日は、胸一ぱいの感銘をうけて、会場を出る。帽子をかぶった女性の美しさ。これは、構造の美しさとして、最高であろう。

大槻家[※11]の結婚式の引出物として、佐藤氏のブローチが配られた。れい子ちゃんのときのも、そして、お兄さんのときのも私はいただいているが、この展覧会を見てからはこの二つのブローチに対する、私の愛着は、一層、深くなることだろう」（同日記から）
知的な感動が、あふれ出ている。

※11　大槻家は、嘉子の弟である晟造の、長女れい子の、婚家である。

〈老いた夫〉

彫刻展から九日後の日記には、夫の乾太郎に、いたわりの目が注がれている（昭和五七年一月二八日付）。

「このところ、人の名前や物の名前を、ど忘れすることが、ますます激しい。乾も物忘れが、ひどくなっている。磁気治療の副作用かしらと、疑いたくなるくらいだ。乾は記憶力がよかっただけに、気の毒になる。

昨年の体調をこわしたことの、後遺症だろうと思う。しかし、あのころの乾は生きている状態ではなかった。ただ生存しているという（もちろん病気ではないから、普通に生活していたが）ありさまで、見るにしのびなかった。西洋医学では、元のように活き活きと回復する方法は見つからないと、宣告されたも同然で、乾が、こんな生き方をずっと続けなければならないとすると、私が生きていく希望を失ってしまうだろうと考えたほどだ。

それが、磁気治療のおかげで、元気に自分のことをし、自分で考えられるようになった姿を見ていると、記憶力が衰えたことなど、何でもないと思う。

年をとれば、段々に機能が衰えていくであろうが、昨年の乾のように、ある日、突然という形で、衰えてしまうなどとは、考えられなかった。本当に、元気になって嬉しい」（同日記から）

〈まだ見ぬもう一人の子〉


今の夫の回復を喜んだ日記の、三日後に、嘉子は前夫の和田芳夫をしのんでいる（昭和五七年一月三一日の日記）。

「久しぶりに、乾と二人、渋谷宝塚に、映画を見に出かける。『飛鳥へ、そしてまだ見ぬ子へ』。悪性腫瘍から肺がんに転移して死ぬ、若い医師の手記を映画化したものである。前に、その手記は読んで、感銘を受けていたものである。ヒューマニズムと、純粋な奉仕の精神に貫かれた医者の手記であるから、映画の技法とか、作品の出来ばえを、うんぬんするより、主題そのものを素直に見ればよいのであろう。

近ごろ、あんなに泣いたことは、なかった。声をかみ殺すことも、あったくらい。涙で、目がはれてしまった。

一二時二〇分ころ、入場したときも、ほとんど満席だったが、交替のときは、通路にもロビーにも、人があふれていた。若い人が多いのには、感激した。こういう主題を素直に受け入れようとする若い人が多いということは、嬉しい。

『まだ見ぬ子がもう一人ほしい』と、主人公の医者が言うとき、私は前夫の芳夫が出征する前に、同じことを、私も切望したことを、思い出した。（私は、息子の）芳武のために、兄弟をもう一人と、願ったことがあった。

しかし、芳夫はいつも他人の世話をし親切であった人柄からか、もう一人の子を私に恵んではくれなかったのかなと、映画を見ながら、考えていた。

私に苦労をかけないようにと、心遣いをしているような、運命的な生き方をしたように思う。やっと日本に上陸しながら、妻子にも会えずに、死んでしまったり。もう一人ほしいと願う子も、残さなかったり。いつも、人のためを思って、生きていた人だ。

久し振りに心が洗われるような映画を見てよかった。この頃は、おいしいものを食べるときも、映画を見るときも、一会の出会いを、大切にする思いである」（同日記から）

三七年も前のことが、こんなにも鮮やかに思い起こされるものかと、筆者は驚いた。

和田芳夫との結婚式（昭和16年）

第一四節　世を去る

〈おみくじは凶〉

年が改まり、昭和五八年（一九八三年）になった。一月七日、柴又帝釈天で、嘉子は、凶のおみくじを引いた。凶を引くのは初めてだった。

彼女は、全く気付かなかった。しかし、この頃、すでに、肺の腺がんを原発として、転移性の骨がんが、嘉子の体を侵し始めていた。四月三〇日の、嘉子の日記。東京大学の医科学研究所の附属病院に入院して、書いたものである（昭和五八年四月三〇日付）。

「二月ころから、背中や肩がこって、佐藤先生に行ったり、磁気を当てたりしたが、どうもよくならない。三月半ばころから、胸骨が痛く、すぐ、胸に手を当て、かばうようになった。身体を動かしたりすると痛く、体操で、両手を上に上げることができなくなる。

前から、奥湯河原温泉へ行こうと乾と話し合っていたので、温泉に入ってよくなればと思い、四月七・八・九日と山秀荘に行った。マッサージもとったが、その後、かえって痛みが広がったように思えた。

（四月）九日と一〇日は、小田原へ行き、城山や、しだれ桜など、楽しいお花見をしたが、その間、痛みをこらえ通しだった。

一一日の月曜、さっそく、松本先生のご診断をあおぐ。痛み止めの座薬をいただき、血液検査もしていただく。『リウマチ反応もないから、少し、鎮痛剤でようすを見ましょう』と言われるが、どうも、はかばかしくない。

一三日に、松本先生がレントゲン写真をとって下さる。『現像液が足りなくて、不出来だが、どうも気になる影があるから、精密検査を、さっそく、受けた方がよい』と言われる。

乾の病気で、東京女子医大での診断をあおぐのに、混んで時間が掛かり、事務的で、何ともやり切れないので、あまり混まぬところに行きたいと思った。たまたま、滝川郁子さんが、『東大の医科研は近いしCTもあるし、よいですよ』と言われたのを思い出した。三浦先生のご縁もあるのに、今までなぜ、医科研を利用しなかったのかと、医科研に決める。

三浦先生にご相談すると、『金曜の診察の

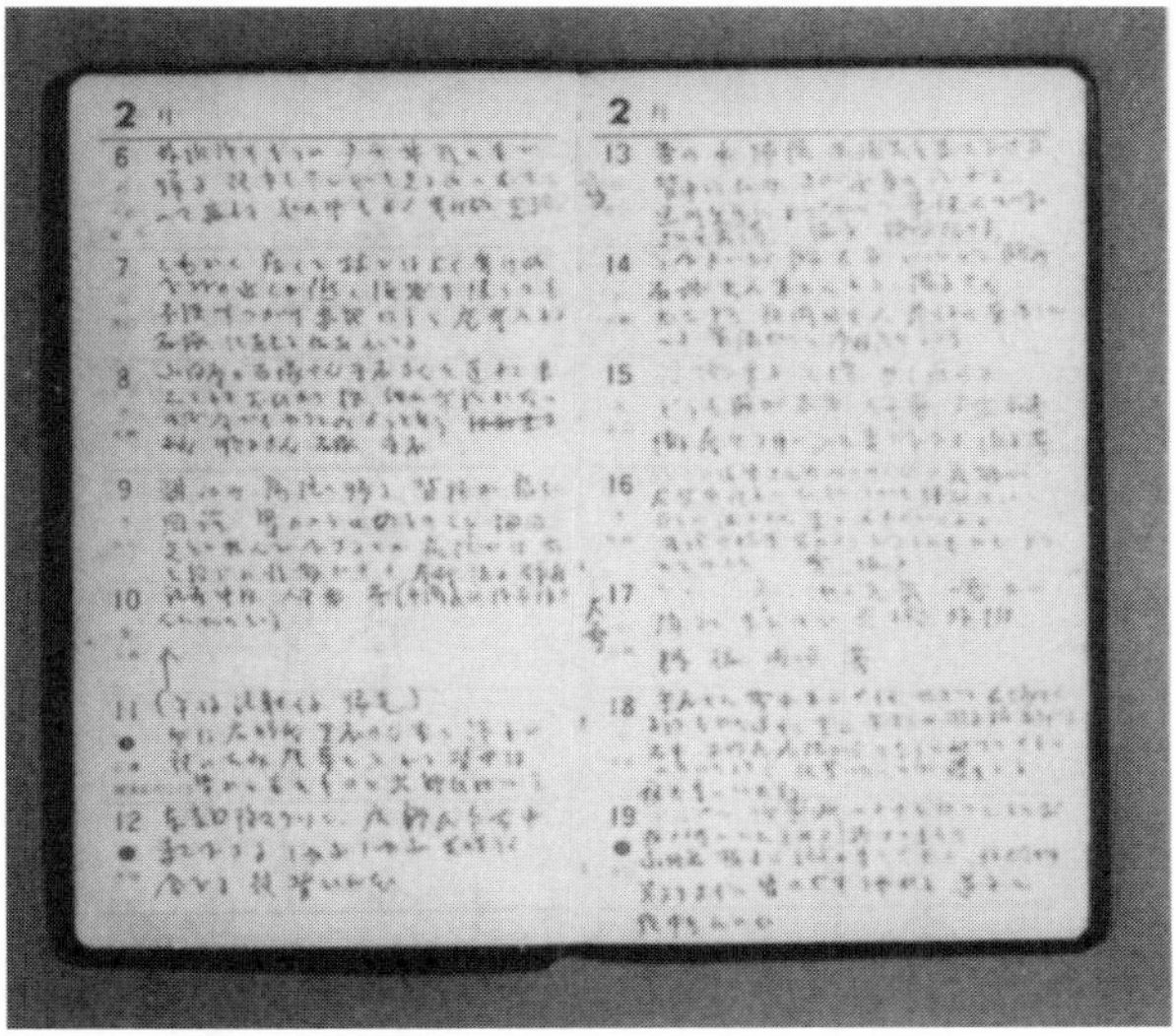

嘉子の手帳（内部）

田辺先生を知っているから、紹介しましょう』とのこと。木曜に調停が入っていたので、松本先生の『すぐの方がよい』とのお勧めはあったが、金曜まで一日延ばして、医科研に行く。

田辺先生は、松本先生の写真を見るなり、『ワァー、これは、動脈瘤が破裂しているよ』とおっしゃる。あまり唐突なことに、私が笑い出し、『先生、患者にそんなことおっしゃって、いいのですか』と言ったくらい。さっそく、医科研で、レントゲンと心電図をとる。はっきりした写真では、動脈はふくれてはいないらしい。しかし、『検査のため、入院しなさい』と、手配をして下さる。ただし、『医科研には、CTスキャンは入っているが、まだ動かしていない』とのこと。これはしまったなあという気がする。翌日の早朝に入院ということに決め、事件などいろいろ手配をする。

一六日、午前八時三〇分。まず、超音波の検査をして、入院。

CT検査は広尾病院に委託し、来週の金曜、二二日にとる由。『それまで安静にしていることと、一二〇くらいまで血圧を下げる必要あり』と言われる。後で思えば、循環器系統の問題が考えられていたので、それが悪化しないための手当であった。

『主治医、鈴木。減塩食で、漬物とみそ汁はつかない。味は全体に薄味であるが、味付けは悪くない。果物ぐらいは添補してもよい』と言われる。

病院食はまずいまずいと聞かされていたが、薄味であっても結構食べられる。私の味覚が乏しいのかなと言いながら、『まずくないよ』と宣言したが、後で、『ママは病院食で十分』と安心されても困るなと思う。今は検査中なのだから、病院食だけでがまんしようと決心する。

ふしぎに菓子など少しも食べたくなかった。グレープフルーツの皮をむいて食べるのが、一番、美味」（同日記から）

〈手帳の記録〉

嘉子は日記のほか、手帳にも、日々の出来事を書いている。病気との闘いの記録である。この記録は、翌年の昭和五九年（一九八四年）の、四月九日で終わっている。彼女は、五月二八日に亡くなった。

芳武が、「母の字は細かくて、分かりにくいから」と、手帳の内容をレポート用紙にまとめてくれた。そして、筆者に渡していただいた。以下の記述は、手帳の内容に負うところが大きい。

〈死を意識する〉

昭和五八年

四月一六日　医科研に入院中、「骨粗鬆症らしい。しかし、がんの可能性あり」との指摘を受ける。

六月一〇日　医科研では検査ばかりで、直接の治療がない。嘉子は焦りと不信感を持ち、医科研を退院。

六月一三日　退院の三日後、息子の芳武あてに、手紙を書く。死を意識している。

一八日　美容院へ行く。あとで考えると、体力的に無理だった。
一九日　朝から不調。漢方の佐藤先生の診察に行く際、玄関で激しく痛む。
二〇日　一日中、痛む。
二一日　国立病院医療センターへ入院。
七月　四日　がん細胞が発見される。芳武は、嘉子に、がん細胞が出たと報告する。

〈がん宣言〉

嘉子は、芳武に「自分の病状について分かったことは、全て知らせてほしい」と言っていた。芳武は昭和五八年七月四日、母にがんにかかっていると知らせた。がんと知ったときのことを、嘉子は日記にこう書いている（昭和五八年一一月一三日付）。

「私のママ（信子）も、ママのママも、脳溢血で亡くなった。私も高血圧だから、死ぬのは脳溢血だと信じていた。

自分はおそろしいがんとは無縁だと信じていた。はずれた失望から、おかしく、口惜しい。それにしても、おかしかった。自分のひとりよがりがこっけいだった。

がんを宣言されたときは、全くへェーという思いでした」（同日記から）

弁護士の山本清子が、入院中の三淵を見舞ったときのことである。嘉子は山本清子に冷静に言った。

「(お見舞いの人に) 私の口からガンだといったら、聞いた人の方がショックを受けてしまったので『悪性なの』としか言わないことにした」(前掲『追想のひと三淵嘉子』二二〇頁)

弟の輝彦は、こう書いてくれた。

「芳武は生物学者(医学博士)である。医に近い者として、母親の『がん』と、どう闘ったか。一つの葛藤があったであろう。また、患者としての嘉子の『ひたむきな願い』と、学者としての息子の対応は同一でなかったかもしれない」

〈素ラーメン〉

昭和五八年

七月一五日 抗がん剤を使った治療が始まる。医師から、脱毛のおそれがあると聞き、心配する。

一七日 食欲なし。気分が悪く、吐き気がする。

二三日 二回目の注射のあと、気分が悪くなる。見舞いにもらったテッセンを写生すると、気がまぎれる。

二五日 食欲があるときとないときの、差が激しい。メン類を好む。

大庭麻都は、次のように回想している。麻都は、三淵乾太郎の三女である。

「入院後何か月も経つのに……（中略）……快方に向かわないということで、気丈な母も、だんだん落ちこんでくるのを、傍の者はどうすることも出来ず、はらはらしながら見ているだけであった。（母は）自分の病をガンと知りながら、このままでは死ねない、一日でも長く生きたいと、とかく食欲も失くなりがちの中で、あれこれと食べられそうな物を考えては、『この次持って来てね』と頼むのだが、なかなか母の思うとおりの物が見つけられず、私はよく怒られた。

ラーメンを作ってあげれば、『大体病人に食べさせるのに何よ、これじゃあ素ラーメンじゃないの』と言われるくらいはまだ序の口で、御膳そばが食べたいと言うので麻布十番まで行って買って来た時は一目見るなり『ああ、これはニセモノの方なのよ。あそこの路地を入って行った奥の方に本物の店があるのに……』と情無さそうに私の方を見た。

四月頃になると、ほとんど物も食べられなくなってしまったが、どんな憎まれ口をきこうと、文句を言おうと、少しでも食べてくれた時のことを随分懐かしく思ったものである。

母から見れば、私は出来の悪い娘で、心配ばかりかけた不孝者だったけれど、最後にあれだけ好き勝手を言い、甘えてくれたことで、私は満足している」（同書三三六頁）

〈**闘病**〉

八月三日　歩くと、右足のつけ根が痛い。

一三日　トルコキキョウをスケッチする。

二四日　左の腕と右足が痛い。歩きにくい。経口の抗がん剤も、飲み始める。
二九日　つえを二本、作ってもらう。これで、どうやら歩ける。
九月一日　あとは、通院して治療するということで、いったん、退院する。

九月一日から一二月一一日までの約三カ月間、嘉子は自宅で療養した。彼女と交替に、九月二日、夫の乾太郎が、国立病院医療センターへ、入院した。

九月二一日　車いすで、東京都の人事委員会へ、出席する。
二四日　白井歯科へ行く。
二六日　乾太郎が退院する。
一〇月八日　実家の武藤家の兄弟と丸亀にある遺産について、相談をする。
月下美人が咲く。
二八日　声が出にくい。立居がつらい。
一一月八日　声を出しやすくするため、浅田あめを買ってみる。肺が膨張する感じがする。
一三日　嘉子の誕生日。霞町のアル・ポルトという店で、お祝いをした。
一六日　東京都の人事委員会に出席する。
一九日　トンキという店で外食。味覚の変化か、何を食べてもおいしくない。

一二月三日　夫の乾太郎の喜寿。楓林という店で、お祝いした。
　七日　東京都の人事委員会を休む。痛みが強い。
　　風呂に入っている間だけ、痛まない。

一二月一二日、嘉子は国立病院医療センターへ再入院した。大みそかには、次々と見舞の人が来た。午後二時ごろ、背中がひどく痛む。痛み止めの座薬を入れた。お正月は、外泊の許可を取り、自宅で過ごす予定だった。しかし、痛みが激しいので、家に帰るのをあきらめる。嘉子は手帳にこう書き付けている（昭和五八年一二月三一日付）。

「いやな今年を送ることで、何か変化があるような気がする。最後まで痛さに苦しめられるのも、その闘いのような気がする」（同手帳から）

〈最期の日〉

年が明けて、昭和五九年（一九八四年）一月。嘉子が座長だった「男女平等専門家会議」の報告を受けて、「婦人少年問題審議会」が、女性の雇用のあり方を話し合っていた。

以前、労働省にいた高橋久子は、嘉子を見舞った。高橋は次のように述べている。

「(三淵)先生は、病床にありながら、婦人少年問題審議会の審議に関する報道に強い関心を持たれ、なかなか意見の一致をみないことを案じておられた。どこまでも働く婦人の職場における地位のことが頭を離れない先生であった。……（中略）……（三淵先生は）『私は若い頃『（エネルギーの）エネ子』さんと呼ばれるほど元気で、今まで休みなく働いてきたから今はよい休養だと思っているの。しばらく休んでまた元気になって、やるわ』と、ほほえんでおられた」（前掲『追想のひと三淵嘉子』二八〇頁）

平野露子は、女学校の同級生。平野の夫が出征しても無事に帰るよう、亀の背中に名前を書いておまじないをした友人である。嘉子は平野への最後の手紙に、こう書いている。

「夢中で走り続けた人生に何の悔もありませんが、今、毎日毎日何もすることなく、しかも、そのことによって何の不都合もない生活をしていますと夢のようです」（同書五九頁）

〈永眠〉

三月になると、嘉子はひどく苦しむようになった。体中が痛む。熱が出る。吐き気がし、胸がゼーゼーという。食欲もない。

嘉子の手帳の記載は、四月九日で終わっている。あとは、芳武自身のメモである。

四月一二日　朝から、二時間、激しい痛み。武藤温子（嘉子の弟輝彦の妻）が、体をさすって温める。痛みが和らぐ。

夜は、温子が添寝をする。

一三日　朝食のあと、激しく痛む。以後、鎖痛剤がきいている間は眠り続ける。薬が切れると、激痛。人工栄養になる。
一四日　付き添い婦をお願いする。
二〇日　酸素マスクを付ける。
二三日　意識のある時間が少なくなる。
五月六日　問い掛けへの反応が消える。以後、意識が回復しない。
二八日　午後八時一六分、亡くなった。直接の死因は、肺炎だった。

嘉子の最期について、森岡茂は、次のように書いている。森岡は、三淵乾太郎の次女である、奈都の夫にあたる。

「数人の医師と看護婦が人工呼吸を施していた。義母の（嘉子の）体は大きく波打ち、その有様は激浪に難航する小舟のようだった。（妻の）奈都はとても見ていられないと言って席を外した。医師は、私に絶望を告げ、人工呼吸を止めてよいかと尋ねたが、私は、（息子の）芳武君が来るまでは続けて欲しいと頼んだ。間もなく芳武君が到着し、対面を終わると、医師は人工呼吸を止め、義母は静かに息を引きとった。先ほどの修羅場が嘘のように静かな死に顔だった。

芳武君が、突然、義母の髪を撫でながら、低い声で『ここは御国の何百里……』と『戦友』の歌を歌い出した。その声は、物哀しく、かすれながらいつまでも続いた。芳武君は、母の戦いは終わったと思ったとき、ほとんど無意識に歌い出したのだという」（同書三三九頁）

芳武の父の和田芳夫は、芳武が三歳のときに、亡くなっている。芳武にとって、嘉子は最愛の母であった。

〈**葬い**〉

昭和五九年六月二三日。三淵嘉子の葬儀と告別式が、東京の青山葬儀所で行われた。二〇〇〇人近くの人が、嘉子との別れを惜しんだ。

いっしょに、亀の背中に夫の名を書いておまじないをした、平野露子は言う。

「最後のお別れは白い花に埋もれ、すさまじい闘病の苦しみもなく安らかに、まるで少女の時の面影さえあって涙が溢れた。

稀に見る偉大な女性のそれでいて常に微笑を絶やさない親しさ、それが嘉子さんだと思う」（同書五九頁）。

女性の裁判官の先頭を歩いて、道を拓いた人。彼女の足跡は、色あせることなく残り続けている。

第三章

中田正子——女性初の弁護士会会長

第一節　たった一人ご健在

若い頃の写真を見ると、美しい人である。ほっそりして、着物がよく似合う。「日本で初めての女性弁護士」のイメージには、ほど遠い。

中田正子。明治四三年（一九一〇年）一二月一日生まれ。三淵嘉子や久米愛といっしょに、昭和一三年（一九三八年）、司法科試験にパスした。そして、五年間、東京で弁護士をした。

昭和二〇年（一九四五年）四月、夫の中田吉雄の結核療養のため、鳥取に疎開。夫の郷里である。そのまま、鳥取に根を下ろし、弁護士を続けた。

昭和四四年（一九六九年）。正子は鳥取県の弁護士会会長になった。弁護士会は各県に一つずつある（例外として、東京都は三つ、北海道は四つある）。女性の弁護士会会長は、全国で初めてだった。

ほかに、

○鳥取家庭裁判所の調停委員、同参与員
○鳥取市の社会福祉協議会の法律相談担当
○鳥取県の機会均等調停委員

などを務めた。

藍綬褒章と勲四等瑞宝章を受けた。

〈たった一人〉

三淵嘉子と久米愛は亡くなった。女性で初めて司法科試験に受かった三人のうち、生きているのは中田正子だけである（平成一四年〔二〇〇二年〕一〇月一五日逝去）。

「何としても、会いたい。会って話を聞いておかなければならない」。筆者は昭和六一年（一九八六年）八月、自宅がある茨城県から鳥取市まで出かけて行った。

〈続く青い海と空〉

飛行機が鳥取空港に着く。小さな空港である。白い滑走路からすぐに、日本海と青い空が続いていた。

タクシーで鳥取市の馬場町に向かう。中田正子の家まで、一〇分くらいの道のり。私はタクシーの運転手さんに話しかけた。

筆者　「関東から初めて、鳥取に来ました。鳥取はいい所ですね。空気はきれいだし。山もなだらかで、ほっと落ち着く気がします」

運転手　「そうかい。近頃は、東京に出て行った人も、Uターンしてよく帰って来るよ。ただ、鳥取では就職が難しくなったけどね」

筆者　「鳥取には、どんな産業があるんですか」
運転手　「農業と漁業が主だな。電気製品を作る大きな工場もあるが、今、円高で不景気だ。輸出向けに作ってたからな」
筆者　「お魚がおいしいでしょうね。どんな魚が取れますか」
運転手　「いわしなんかの近海ものが多い。かには少し沖まで行く。この間は船を組んで遠くまで、まぐろを取りに行った」
筆者　「まぐろは取れましたか」
運転手　「取れたが、相場が下がってて、儲からなかったそうだよ」

〈古い家〉

中田正子の家に着いた。静かな町の一角にある、古い木造である。自宅と弁護士事務所がいっしょになっている。タクシーが止まると、中田正子が迎えに出てくれた。

筆者は正子の若い頃の写真しか知らない。目の前の正子は七五歳。ほっそりした体つきと、気品は変わらない。しかし、顔のしわが年齢を物語っている。一足飛びに五〇年の年月を超えた気がした。

第二節 生い立ち

〈家族のこと〉

筆者「弁護士になりたいと思われたとき、ご両親から反対されませんでしたか」

正子「いいえ、反対はされなかったです」

筆者「戦前では、珍しいご両親ですね。どんな方でしたか」

正子「父の田中国次郎は職業軍人でした。明治五年（一八七二年）の生まれ。日清・日露戦争を陸軍で戦いました。

子供は四人でした。姉と私と弟二人です。父は子供にはうるさいしつけはしませんでした。父は勉強が好きでした。シェイクスピアを原書で読んでいました。

母の槙子は明治一六年（一八八三年）生まれ。普通の主婦でした」

筆者「ごきょうだいはどんな方でしたか」

正子「姉は私とよく似てましてね、友人か

父、田中国次郎

らよく後ろ姿を間違えられました。姉は東京府立の第一高等女学校専攻科の国文科を卒業。西條八十の弟子で、新進の詩人でした。姉の詩が新聞に載ったこともあります。しかし、二四歳で病死しました。

すぐ下の弟は早稲田大学の政経学部を卒業しました。満洲鉄道と国鉄に勤めました。六〇歳くらいで亡くなりました。

一番下の弟は早稲田大学の商学部を卒業して、出版社に勤めました。二〇歳代で亡くなりました。きょうだいのうち生きているのは私だけです」

母、田中槇子

〈スポーツウーマン〉

筆者「どんな女学校時代を送られたのですか。先生は」

正子「一六歳から一八歳までは、バスケット・ボールに明け暮れていました。東京府立の第二高等女学校でね」

筆者「大正一二年（一九二三年）から昭和三年（一九二八年）のことでしょう。バスケット・ボ

弟たちと（昭和10年）

ールとは随分、ハイカラですね」

正子「私の女学校はスポーツがとても盛んでした。金栗四三先生もおられました。日本のマラソン選手の草分けの方です。私は金栗先生に地理を教わりました」

〈汗の思い出〉

正子は、バスケット・ボールについての思い出をこう書いている。

「昭和二年（一九二七年）、私たちが五年の夏、米国の南カロライナ州チャールストンYMCA主催のバスケットボールフリースロー世界選手権大会があった。これはフリースローのラインから六十回連続してシュートし、そのゴールした点数を競うものであり、個人とチーム五人の合計とがある。これは現地まで出かけなくとも各学校で指定された審判の

バスケット・ボールのチームメンバー。中央が正子

下で行い、その記録を送ってもよい事になっていたので、わがチームはこれのジュニア女子の部に参加することとなった。朝は早くから始業前に、放課後は夕方遅くまで、日曜も休まず猛練習が続いた。

競技当日は、数人の審判員とコートを囲むたくさんの応援や見物の生徒で、相当の熱気が感じられた。これは練習の時は相当いけるつもりでも、いざ本番となると六十回連続シュートで完投は至難の業である。わがチームの成績は個人が児矢野昌子五六点、私が五四点、続いて五二、五一、四六点。チームの点数は二五九点であった。

とても駄目だと思っていたところ、結果は個人もチームも一位となったという通知が、新聞社の方から先に知らせてきた。私たち五人は手を取り合って喜んだ。

間もなくチャールストン市から贈られた、個人とチームの二つのトロフィーの授与式が学校の講堂であり、全生徒、職員の拍手の中で、当時の米国駐日大使マクベー氏から私どもに手渡された。女学校を卒業して五十余年。わたしたちの歩む道はそれぞれ異なっても、ボールで結ばれた友情は現在まで変わることなく続いている。私が上京した折など、皆が集まって午前十時ごろから午後五時ごろまでしゃべり続けたこともある。一人がつい負けた試合の原因などを話し出し、『五十年も前のことを今さら何を言ってるの』と一人が制し、思わずお笑いになった事もあった。別れる時はいつも、あの試合の前と同じ言葉『がんばりましょう』を言い合うことになっている」（朝日新聞鳥取版、昭和六一年四月二三日付）

〈社会へ目を開く〉

筆者「法律を勉強しようと思われたのは、いつですか」

正子「女学校を卒業して、女子経済専門学校[※1]に入ってからです。校長が新渡戸稲造[※2]先生でした。

私はこの学校で、社会への目を開きました」

筆者「五千円札[※3]に印刷されている、新渡戸先生ですね」

正子「ええ」

新渡戸について、正子はこう書いている。

「当時の新渡戸先生は五千円札の新渡戸稲造の肖像画より十年位年取った感じで、いつも慈愛にみちた、にこやかな表情をしていられた。先生は女子にも教育が必要であり、参政権も必要であると、次々とユーモアを交えながら話されたが、視野の広さと共に人間的な深さと温かさを感じさせる独特な魅力があった。先生が国際連盟の事務次長時代、世界各国から国連に関する講演の依頼があると、英国人であるドラモンド事務総長の代わりにいつも先生が出向いて講演されて、好評であった。それは講演の内容がよいばかりでなく、先生の話はきく人の心をとらえる魅力があったからである。そして当時、事務局には加盟国五十数カ国から参加している事務局員がいたが、それらの人たちが心から先生を慕って、先生の手足となって働いたということを、私は後日、本で読んだ。よく分かる気がした。

先生はいつも服のポケットにキャラメルを忍ばせていられた。それは、先生は大の子供好きで、どこでも会った子供を手なずけるための小道具であった。

昭和六年（一九三一年）の女子経済の附属高等女学校の運動会のこと。先生は女生徒の作った造花を帽子につけて校長席で見ていられたが、女生徒の借り物競争の中に何と『新渡戸先生』というのがあったらしい。一人の生徒が先生の前でもじもじしていた。それを知った先生は素早く立ち上がると、その子の手を引っぱるようにして全速力でゴールまで駆けられた。見物席からは大声援が起こり、運動会は盛り上がった。先生はその時、七十歳は超えておられたはずである。私は目頭が熱くなったのを覚えている」（朝日新聞鳥取版、昭和六一年四月二四日付）

※1　東京都の本郷元町にあった。現在、学校法人新渡戸文化学園短期大学。
※2　新渡戸稲造（一八六二年～一九三三年）。農政学者、教育者。札幌農学校に学び、キリスト教に触れた。京大教授、一高校長、東大教授や国際連盟事務次長を務めた。国際的な視野に立った考えは、青少年に大きな影響を与えた。
※3　昭和五九年（一九八四年）～平成一九年（二〇〇七年）まで発行されていた。

〈すぐれた講師〉


校長の新渡戸ばかりではない。女子経済専門学校にはすぐれた講師がたくさんいた。正子は語る。

「副校長の森本厚吉先生は学者であるが、実践家でもあり、大正年間に吉野作造、作家の有島武郎と共に文化生活研究会を組織された。先生はご自分の理論の一つの実践として、当時日本の先端をゆく文化アパートメントを本郷お茶の水の高台に建てられ、いわゆる文化人や欧米人が利用し、その同じ敷地内に新しい女子教育を目指し、女子経済専門学校を創設されたのである。だから先生の経済学の講義は理論よりも実際を説かれ、興味の深いものであった。

政治学の吉野作造先生は、人も知る大正デモクラシーの権威。外見は当時の英国紳士といった風貌（ふうぼう）で、自由、平等、議会政治等について熱心に講義された。一面、婦人問題についても関心を持たれていたので、生徒が『これからの婦人の生き方についてどう思われるか』と質問すると、先生は笑いながら一言『経済的独立』と答えられた。

法律の我妻栄先生は、いつもにこやかに実例をあげながら分かりやすく民法の話をされるので、

『法律って面白いわね』と皆が楽しみにする科目の一つであった。今にして思えば、先生は当時の旧親族相続法を批判しながら改正法を示唆しておられたのである。

下村海南先生の時事問題も実に話題が豊富で生徒をあきさせなかったが、当時、朝日新聞社の幹部であったので、お話はたまにしか聞けなかった。

その他、興味のある講義がたくさんあり、目の前が大きく開けてくるようであった」（朝日新聞鳥取版、昭和六一年四月二四日付）

〈向学心〉

筆者「女子経済専門学校には驚くほど立派な先生方がそろってらしたんですね」

正子「ええ。大学から講義をしに出向いてもらっていたのです。先生方を見て私は『学問をした人は、いいなあ』と思いました」

筆者「なぜ、いいのですか」

正子「話は面白いし、教養にあふれて、生き生きしておられましたから。私も学問がしたいと、強く望みました」

筆者「それで、日本大学の法学部に進まれたのですね。特に法律を選ばれた理由は何ですか」

正子「教えて下さったのが我妻栄先生で、とても分かりやすい講義で。法律は面白いと思っちゃったのね」

筆者「我妻先生はどんなお話をされましたか」

正子「印象に残っているのは、不法行為についてです」

筆者「不法行為というのは故意か過失によって他人に損害を与えることですね。民法はその損害に対して賠償金を払わなければならないとしていますよね」

正子「はい。民法では過失がないと、責任を問えません。しかし、我妻先生はいろいろ具体例を上げて、過失がなくとも賠償をさせた方がいい場合があると話されました。社会に密着してて、分かりやすかったです」

筆者「なるほど」

正子「法律を職業にする人に教えるわけではないから、我妻先生の教え方にはゆとりがありました。だから面白かった。

あとで大学で専門的に勉強したら、法律なんて面白くなかったわ。しかし、いったん法律を選んだ以上、途中でやめるわけにもいきません」

筆者「つまらないと気づいたときは、手遅れでしたか（笑）」

女学校時代の正子

第三節　法律を志す

〈大学へ〉

正子は昭和六年（一九三一年）、日本大学の法文学部に入った。

正子　「女性が正式に入学できる大学は、まだ東京にはありませんでした。日本大学には『選科生』ということで入りました。正規の学生ではありません。しかし、全科目の授業と試験が受けられます」

筆者　「日本大学の法文学部に当時、女性は何人いましたか」

正子　「私のほかにもう一人、影山裕子という方がいました。彼女が大学を出てどんな職についたかは知りません」

筆者　「女性は正式の学生ではない。男性と同じ勉強をしても、卒業証書をもらえないのですね」

正子　「はい。ですから、私は卒業式に出ないつもりでした。ところが、私は学科の試験の成績がよかったらしいのです。『優等賞状を与えるので卒業式に出るように』と、大学から言われました」

姉とともに

三味線の師匠とともに

筆者 「優等賞状は何人、もらったのですか」

正子 「一〇人ほどでした」

〈司法科試験〉

昭和九年（一九三四年）四月、正子は日本大学を出るとすぐ、明治大学の女子部の法科の三年生になった。

正子 「明治大学が女子も正式に入学させるというので、明治大学に入りたかったわけ。しかし、女性は明大の女子部を卒業した者しか、明大に入学させてくれません。私は日本大学で勉強したのに、大学より前の段階の女子部に逆もどり。ただし、日大にいたから、女子部の三年生には、入れてくれました」

昭和一〇年（一九三五年）の四月、正子は明治大学の法学部へ入学。彼女はこう書いている。

「昭和一一年（一九三六年）に弁護士法が改正されて、女子も司法科試験に合格すれば弁護士となる道が開かれた。ここまでくると私にとって司法科試験の突破が唯一の目標になってしまい、過酷な受験勉強の日々が続いた」（朝日新聞鳥取版、昭和六一年四月二五日付）。

筆者　「司法科試験のために、かなりハードな勉強をされたのですか」

正子　「はい。日本大学ですでに勉強していましたから。明治大学に籍は置いていましたが、授業には全く出ず、家でずっと勉強しました。朝八時から夜一〇時頃まで。

ガリガリやらなければ国家試験には受からないわよ。漠然と法律を知っている程度では駄目。勉強しているときは結婚は無理です。近頃、主婦で子育てしながら司法試験に受かる女性が時々いるでしょう。私は本当にすごいと思う。主婦っていろんな細かいことに気を回す。一方、受験勉強は集中してやらなければいけない。全く逆ですものね。私はとても子供を育てながらの勉強なんて、できないわ」

見合い写真

筆者「合格までは、結婚は考えなかったのですか」

正子「母は私に何回かお見合いをさせました。私が適齢期を過ぎてはいけないと心配して。しかし、結局、結婚はしなかったわね。あるとき、私が弟と一緒に東京湾でヨットに乗っていたら、船頭さんが追いかけて来て連れ戻されたことがありました。母に理由を聞くと『あした、お見合いさせるから日焼けしたら駄目よ』と言うのよね（笑）。お見合い写真も撮らされましたよ」

〈**初めてパスする**〉

昭和一二年（一九三七年）秋、正子は司法科試験の筆記試験に合格した。日本で初めての女性の合格者。しかも、紅一点だった。男性の合格者は約二五〇人。

筆記試験に合格すると、次に口述試験がある。試験官に口頭で質問され、すぐに答える試験である。正子はこの口述試験で落とされた。

筆者「口述試験では失敗されたのですか」

正子「いいえ。普通に答えられました。私は当然、受かると思っていました。不合格だったのでびっくりしました」

〈**三つの花**〉

翌年の昭和一三年（一九三八年）。正子のほか、武藤嘉子（後に三淵）と久米愛が、司法科試験の口述試験もパスした。

正子は当時の様子をこう語る。

「女性として初めての合格というので、当時の新聞は三人の写真入りで『天晴れ（あっぱれ）女弁護士の栄冠』とか『生れ出た婦人弁護士　惨めな妻や母を敢然擁護』と言った派手な記事を掲げた。三人とも明治大学出身なので、母校を始めとして市川房枝さんの婦選獲得同盟ほか六つの婦人団体、その他あちこちの祝賀激励の会とか座談会に招かれるなど、三人がいつも一緒に行動する事が多くなった」（朝日新聞鳥取版、昭和六一年四月二五日付）

〈祝いの会〉

筆者「市川房枝さんたちの祝賀会はいかがでしたか」
正子「女性に選挙権を与える運動をしている女性が、たくさん出席されました。そして、久米さん、武藤さんや私に『女性のために頑張って下さい』と言われるのね。私たち三人は勉強ばかりしていて、政治活動はしたことがありませんでした。実践で鍛えられた女性たちに、私たちは圧倒されました。受け身でぼんやり、励ましを聞いていました。市川房枝さんたちからは私たちは頼りなく見えたでしょうね。
今、思い出すとあのときの自分がほほえましくなります」
筆者「片山哲さんと、合格したお三人との座談会もあったようですね」

正子「はい。片山さんは昭和二二年(一九四七年)、首相になられました。社会党が中心となった内閣でした」

〈弁護士試補へ〉

昭和一四年(一九三九年)、正子と武藤と久米は弁護士試補になった。弁護士の見習いである。正子は言う。

「私共三人はそれぞれ丸の内にある一流の法律事務所に入り、一年半の弁護士試補の修習をした。お昼など三人が毎日のように丸ビルのレストランに集まって情報交換やおしゃべりを楽しみ、お堀端を散歩したりした。久米さんと私は同じ第一弁護士会の所属だったので、弁護士会の修習も一緒だった。久米さんは活発でひょうきんなところもあり、積極的な発言もよくされる久米さんと一緒の修習は心強く楽しかった」(朝日新聞鳥取版、昭和六一年四月二五日付)

〈受け入れ側〉

弁護士の大塚喜一郎。日弁連の副会長をした人である。後に最高裁判所の裁判官にもなった。大塚が弁護士になって間もない頃、堀江法律事務所にいた。すると、正子が弁護士試補として、その事務所に来た。大塚は言う。

「当時は私も独身の紅顔かれんの美青年で、中田さんも独身でした。堀江先生が私をへやへ呼び入れて、（中田さんは）初めての女性法律家ですから、よく気をつけてやらなければいけないというような注意を受けた。

今日から見ますと、そんなことを言ったらかえって老先生の方がしかられるような時世ですが、……（中略）……昭和十年代というのは、女性に対する社会の目というものが、現代とは非常に違っていた」（「自由と正義」二二巻四号四七頁）

第四節 弁護士となる

〈草分け〉

正子はこう書いている。

「昭和十五年（一九四〇年）八月、三人は弁護士として開業した。私は（弁護士）試補時代に引き続き、丸の内の岩田宙造法律事務所にお世話になる事となった。岩田先生は既にその頃弁護士会の長老であり、岩田事務所には先生の外六人のそうそうたる弁護士がおられた。岩田先生は弁護士になったばかりの私にも分相応の事務所の事件を担当させて下さった。先輩の他の弁護士の方々も仕事を分けて下さったり、実務に当たって弁護士に必要な心得等を教えて下さり、それらは今も私の役に立っている。今にして思えば、当時は法律そのものが男女不平等であり、一般の意識は男女平等にほど遠いものであったのに、このような岩田先生並びに岩田事務所の雰囲気はありがたいものだった」（朝日新聞鳥取版、昭和六一年四月二五日付）

筆者　「弁護士として、最初、どんな仕事をされましたか」

正子　「政治家や財閥の人に愛人がいるのね。愛人に生ませた子供を、戸籍上は本妻の子にしてあるわけ。子と本妻には親子関係がないというための裁判をやりました。

法廷では普通、当事者に敬称はつけません。私も政治家や財界の人の名を、『だれだれ』と呼び捨てにします。すると、裁判官はにやにや笑っていましたね。私は若い女で、相手は有名な人物ですから」

筆者　「弁護士事務所では、差別はされませんでしたか」

正子　「いいえ、ちっとも。私は当時、岩田先生の事務所に入って当然の顔をしていました。しかし、現在は女性の弁護士はなかなか、いい事務所に入れない様子ですね。私の時代はまだ女性が珍しくて大事にされたのでしょうか。あとの人たちの方が逆に差別されているようですね」

法服を着て

〈『主婦の友』の法律相談〉

正子　「私が弁護士を始めて間もない頃です。雑誌の『主婦の友』から、誌上の法律相談（「婦人法律相談」）を頼まれました。法服を着た私の写真が雑誌に載りました。また、神田駿河台の主婦の友ビルの入口には、同じ写真を引き伸ばして、掛けてありました。実物より大きな顔写真でね。畳半分くらいありました。ショーウインドウいっぱいの大きさでびっくりしました」

筆者 「『主婦の友』誌は当時、何部くらい売れていたのですか」
正子 「さあ。数は覚えていません。しかし、婦人雑誌としては日本で一番のものです。全国の家庭でかなり、読まれていましたよ」
筆者 「法律相談は、だいぶ来ましたか」
正子 「ええ。すでに、『主婦の友』誌には『人生相談』のコーナーがありましたからね。新しく『法律相談』を設けても、どれくらい利用されるか不安でした。ところが、ふたをあけてみると、毎週、相談の手紙が一〇〇通以上も来ました。私の法服の写真が、女性の心をとらえたのでしょうね」
筆者 「どんな内容の相談ですか」
正子 「一番多いのは男女関係ね。結婚の前に妊娠したとか。妻のある男の子供を生んだとか。それと離婚問題ですね」
筆者 「昭和一五年頃といえば、戦争が激しくなっていたでしょう。男は兵隊に取られましたね。また『国のため』という考えを吹き込まれていました。男と女のトラブルは稀な気がしますがね」
正子 「いいえ。私へ相談が来ただけでもかなり、ありましたね」
筆者 「相談のうち毎月一件を、雑誌で紹介して回答するわけですか」
正子 「はい。残りについても、手紙で返事を出します。私一人ではとても全部に返事を出せません。司法科試験を受かって、弁護士試補をやっていた女性に、アルバイトを頼みました。そして、答えのポイントを教えて、手紙を書いてもらったことがあります」

第五節 結婚

〈出会い〉

二八歳で、正子は結婚した。昭和一四年（一九三九年）一一月二六日のことである。

筆者「お二人は、どうやって知り合われたのですか」

正子「人に紹介してもらいました。結婚の相手に対して私は『学問が好きなこと』という希望を出していました。夫を紹介されたとき、私は『この人とならやっていける』と思いました」

夫は中田吉雄。後に社会党から参議院議員に当選した。

［吉雄の略歴］

明治三九年（一九〇六年）　鳥取県に生まれる。

昭和八年（一九三三年）　京都大学農学部の農林経済学科を卒業。二、三年間、研究室にいたあと、東亜研究所に勤める。

昭和二二年（一九四七年）　鳥取県の県議会議員になる。同年すぐに、県議会の議長。

昭和二五年（一九五〇年）　参議院議員になる。このあと、三回当選した（六年の任期を三回務める）。

昭和六〇年（一九八五年）　七八歳で死去。

〈**研究**〉

正子「結婚した頃、夫は東亜研究所に勤めていました」

筆者「どんなことをする所ですか」

正子「アジア全体の農業の生産について調べるのが、東亜研究所の役目でした。夫は、大学で農業経済を勉強しました。東亜研究所では、夫はゴムの生産がどうなっているかを手がけていました。ドイツ語の資料も、随分、読んでいましたね」

〈**疎開**〉

吉雄は大学を卒業した頃（昭和八年）、肺結核にかかった。第二次世界大戦が激しくなるにつれ、食料が乏しくなった。吉雄の病気も進んだ。

昭和二〇年（一九四五年）の四月、終戦の四カ月前である。吉雄の療養のため、夫婦は吉雄の実家に疎開した。鳥取県の八頭郡若桜町にある。

正子「私が弁護士を始めて、五年目でした。私の仕事は、順調に伸びていましたからね。東京を離れたくありませんでした。しかし、夫の病気がひどくなったので、しかたありません。

私は夫の病気が治れば、すぐに東京に戻るつもりでした。ところが、間もなく病気が治ると、夫が県議会の議員になりましたからね。昭和二五年（一九五〇年）には国会議員になりましたから鳥取を離れることができなくなりました。選挙の地盤ですもの。

私は、東京生まれの東京育ちです。しかし、疎開のあと、鳥取に根づいてしまいました」

〈農村生活〉

昭和二〇年頃の、夫の実家での生活。正子はこう書いている。

「夫は農家の長男だったが、勉学のため早くから家を出ていたので、農業の跡は弟夫婦がやっていた。当時、農耕用の牛の小屋が母屋の近くにあり、そのハエが家の中にまで入り込み、いろりのそばのなべのふたがハエのために真っ黒に見えるのには驚いた。

弟の妻のくみさんは私より一つ年下だが、当時、小さな子供五人を抱えて男と同じように農作業をやりながら、その合間に育児、家事をやるといった具合で、食後などに主人が一服している間に洗濯したり、家の中の仕事をしていた。私は当時まだ子供もなく元気だったから、くみさんについて畑仕事を手伝った。大地を踏みしめて土の香の中で働くということは私にとって新鮮な経験で、素晴らしいとさえ感じたが、炎天下の『田の草取り』には参った。熱くなった水田の中に入り、腰をかがめて草を取ると、手のつめには泥が入る、稲の葉に顔を刺されるし、これは大変な仕事だと思った。しかも、この『田の草取り』はほとんど女の仕事となっているのである。当時はここで養蚕もやっており、私はくみさん夫婦について山に桑を採りに行ったり、蚕の『しりかえ』等も手伝った。

私は自分と同世代の農村の女性の生活を目のあたりに見て驚くばかりであった。しかし、くみさんは一言の不平ももらさなかった。

くみさんは、私に初めて農作業を教えてくれ、共に働いた唯一の女性であるが、今一つ、私がくみさんの出産に立ち会った事は忘れ難い思い出となっている。それは昭和十七年（一九四二年）の春、私と夫がこの実家に来ていた時のことである。私が近くの親類の家に遊びに行っているところに、くみさんの六歳になる長女が『あばさん（おばさんの意味）、ややが産まれたから早う帰って』と私を呼びに来た。たしか昨日まで畑仕事をしていたはずだがと驚きながら家に帰ると、家の前の小川で、私の夫、吉雄が産湯だらいを洗っていた。この日はあいにくと、くみさんの主人は留守だったのである。出産の経験もない私は困ったが、薄暗い納戸に入って見ると赤ちゃんは元気に泣いていた。幸い隣りのおばさんが手伝いに来られたが、この方も出産の経験はないと言う。産婦の指示に従って、へその緒の処理をし、こわごわながら一生懸命赤ん坊に産湯を使わせ、用意してあった初着を着せ終わった時は私は汗びっしょりであった。

出産の前はまだ野良仕事をし、助産婦もなしに無事に出産を済ませたのである。私は出産が自然なものであることを知り、その後の自分の出産の心構えに大変役立った。

昭和三十年代に入ると農業の機械化が始まり、牛はいなくなった。除草剤も出来て、あの『田の草取り』も楽になった。昭和四十年ごろから、かやぶきに代わって農家はこぞってかわらぶきの新しい家を建て、いろりは近代的な台所に取って代わられた。その代わりには経済的な重圧が女性の肩にものしかかってきたわけであるが、ともかく農家の生活は一変した。ハエは一匹もいなくなった。

くみさんもこのような環境の中で、子供さんやお孫さんに囲まれながら三年前にこの世を去られた」（朝日新聞鳥取版、昭和六一年四月二六日付）

筆者「『蚕のしりかえ』って何ですか」

正子「蚕がむしろにふんをするのね。汚れたむしろをきれいにするため、別のむしろに蚕を移すことです」

筆者「蚕の世話も大変ですね」

第六節　戦いのあと

〈出産〉

敗戦の翌年の、昭和二一年（一九四六年）一〇月二六日。正子は初めての子を出産した。澄江と名付けた。結婚して七年目。待ちに待った子供であった。その喜びは、何ものにも変えられないものだった。

〈新しい法律〉

新憲法が施行されたのは、昭和二二年（一九四七年）五月三日。天皇でなく国民が、国の政治を決めることになった。人権も広く認められた。以後、戦争もしないと宣言された。

次の年、昭和二三年（一九四八年）一月一日には、新民法が施行された。「家」が中心の家族制度が変わった。男女が平等になり、個人が尊重される。

女性が封建的な鎖から解かれた。女性の法律家たちは全国で、新しい憲法や民法を人々に知ってもらう活動をした。いくら法律が変わっても、新しい内容が国民に根づかなければ「絵に描いたもち」だからである。

正子も、鳥取で婦人会の集まりでよく、新しい憲法や民法を広めるため、講演をした。

第七節 議員の妻

〈国会へ〉

夫の吉雄は昭和二五年（一九五〇年）、参議院議員に当選した。鳥取の地方区から選出された。

筆者「県議会議員になって四年後には、もう、国会の議員ですか。随分、早いですね」

正子「夫は県議会の議長をしていたとき、仕事で県の全域をまわり歩きました。熱心にいろんな職業の人と話しましたから。だいぶ、顔が広くなりましたね」

筆者「どの政党から、立候補されたのですか」

正子「社会党です」

筆者「東亜研究所に、以前、吉雄先生は勤めておられたでしょう。社会党とは結びつかない気がしますが……」

正子「夫は弱い者や、働く人の味方になりたいと思って、社会党に入りました。

鳥取は県全部が、一人の参議院議員を選ぶ一つの区になっています。一県に一

家族と国会議事堂の前で

区しかないのは、全国でも数カ所です。県で一人しか選ばれない議員を、社会党が握りました」

筆者「正子先生も選挙運動をされたのですか」

正子「はい。街頭に立ったり、演説会で話したり。一生懸命でした」

筆者「大変でしたね」

正子「演説会では、私が日本で初めての女性弁護士だと、紹介されました」

筆者「そうですか。女性の有権者にアピールしたでしょう」

正子「ええ。ところが、女性は昭和二〇年（一九四五年）に選挙権が与えられたばかり。慣れていないわけね。候補者と応援している人の区別がつきません。票を開けてみたら、ある町では、夫の名前でなく『中田正子』と私の名前を書いたのが、いくつも出てきましたよ」

筆者「候補者でない人の名前を書いたら、無効ですね。応援に行って、逆に票を食べてしまったわけですか（笑）」

〈激戦〉

参議院議員の任期は、六年である。吉雄は三期の一八年間、務めた。

正子「一番、大変だったのは三回目の選挙。昭和三九年（一九六四年）のことでした。自由民主党が議席を奪おうと必死になってきました。自民党の候補者は宮崎正雄氏でした。鳥取県の教育長をしていた人です。

自民党はたくさんの支持者を『後援会』に組織しました。また、私たちが自動車からスピーカーで呼びかけに回っても、行く先行く先で、自民党の自動車に会いました。

私は『相手方の手が伸びていないところはないか』と考えました。そして刑務所に行くことにしました。

私は刑務所の所長に『選挙運動をさせて下さい』と頼みに行きました。所長は『まあ、違反にはならんでしょうな』と言って、許してくれました」

筆者　「すごい献身ぶりですね。正子先生のご努力は中田吉雄先生の当選で、報われたわけですね」

正子　「ただ、当選はすぐには決まりませんでした。開票の経過はシーソーゲーム。

しかも、九割ほど開票したときは、相手方の票が多い状態でした。主人も私も『もう負けたかな』とあきらめました。新聞記者たちは相手方が当選すると考えて、皆、向こうの選挙事務所に行ってしまいました。当選が決まった瞬間の写真を撮らなければなりませんからね。

するど最後に開票した日野郡で、どっと、こちらに票が入っていました。わずか三九票の差で、夫が勝ちました」

〈無効の訴え〉

筆者　「当選されてよかったですね」

正子　「しかし、それでけりはつきませんでした。相手は『選挙無効の訴え』を裁判所にしてきました。開票のときの票の数え方がおかしいというわけです。

投票用紙には、候補者の名前が正確に書いてないことがあります。正確でない票を有効とするかどうかは難しい判断です。

第一審の広島高等裁判所松江支部（昭和三五年〔一九六〇年〕八月五日判決）では、一〇〇票差で相手が当選しているとの判決が出ました。私たちは『この判決は間違っている』として、最高裁判所に持ち込みました。最高裁判所（昭和三六年〔一九六一年〕一二月二二日判決）では差戻しとなりました。差戻審の広島高裁松江支部では、逆に一〇一票の差で夫が勝ったと、判決しました」

筆者　「何年も結論が出なかったわけですね」

正子　「ええ。しかし、最高裁判所が判決するまでは、初めの選挙管理委員会の判断が生きています。

夫はずっと当選した議員として活動することができました。『選挙無効の訴え』を出されても、実害はありませんでした」

筆者　「選挙無効の訴えでは、正子先生も吉雄先生のために訴訟を担当されたのですか」

正子「はい。たくさんの票のうち、有効か無効か疑問がある票を選び出します。そして、疑問の票を写真に撮るわけ。今と違ってコピーの機械は、なかったですから。

問題の票を一つ一つ、以前の判例の事例と比べます。そして有効か無効かの結論を出していくのです。

とても、手間のかかる仕事でした」

〈生活の変化〉

吉雄は国会議員になって、一年のほとんどを東京で過ごした。鳥取にはたまにしか帰って来ない。正子は鳥取の家を守った。

弁護士の仕事、子育てと、議員の妻としての交際や雑用に、追われる毎日だった。

第八節　母として

〈子宝〉

筆者「お子様が小さいときは、お世話が大変でしたでしょう。三人も育てられたから」

正子「子育ては大変でしたが、ちっとも苦になりませんでした。

夫が結核にかかっていたせいでしょうか。子供がなかなか、できませんでした。私は二八歳のとき結婚しました。最初の子を生んだのは三五歳です。

七年間、『子供がほしい、子供がほしい』と思い続けていました。近頃、人工受精ができますね。人工受精をしてでも、子を生みたいという人の気持ちは、私もよく分かります。

もっとも、うちは長女が生まれたあとは、二年おきくらいに続けて、三人[※3]生まれましたが。

ほしくて生んだ子供です。育てるのは喜びでした。私は子に甘い母親でしたね」

筆者「弁護士のお仕事も、しておられましたよね」

正子「はい。しかし、自宅を事務所にしていました。また、裁判所も歩いて一〇分くらいの距離にあります。家庭のために、時間はとれます。鳥取という地方にいるおかげですね。

東京の弁護士さんは、事務所と家が離れているでしょう。いったん事務所に出たら、夕方まで帰れませんものね」

※3　長女の澄江……昭和二一年（一九四六年）一〇月二六日生まれ。
次女の和子……昭和二四年（一九四九年）一月二三日生まれ。
長男の道夫……昭和二六年（一九五一年）三月三〇日生まれ。

〈娘の目〉

中田正子の次女に会った。衛藤和子。昭和二四年生まれで、主婦。おっとりして、もの静かな女性である。中学生と小学生の女の子がいる。和子に、娘から見た正子を語ってもらった。

筆者「お母様は、家事はお得意ですか」

和子「料理は好きで、いろいろ工夫して作ってくれました。お裁縫はあまりしませんでしたが、私が小学二年生のとき、ギャザースカートを縫ってくれたことは、ありました」

筆者「ずっと、お手伝いさんがいたのですか」

和子「はい。母は自宅を事務所にして、弁護士をしていましたから。住み込みでなく、通いの人が来ていました。掃除、洗濯や買物はお手伝いさんがします。食事については、朝は全て母が作ります。昼食と夕食は、献立を母が決めます。下準備はお手伝いさんがして、味付けは母がしました。ですから、食事の内容は母がコントロールしていたわけです」

筆者「正子先生は教育に熱心でしたか」

和子「特に熱心という事はないですが、授業参観には欠かさず来てくれました。しかし、『勉強しなさい』と言われたことはないですね。小学校の宿題は、母は手伝ってくれたこともありました」

筆者「随分、甘いお母様ですね」

和子「はい。宿題の絵を、あるとき、描いてくれました。その絵は上手に描けたからと、廊下に貼り出されていて、あとで私は困ってしまいました」

夫や子供と

筆者「稽古事は何か、されましたか」

和子「はい。小学一年生から三年生まで、バイオリンを習いました。

しかし、母が習いなさいと言ったのではありません。当時、クラスでバイオリンを習うのがはやっていて、私がやりたかったからです。

どんなことにしろ、母から『こうしなさい』とうるさく言われたことはありません。お説教もほとんど、なかったです」

筆者「正子先生はお子様に対して、どんなことを注意しておられましたか」

和子「姉、私と弟の三人を平等に扱おうと、気を遣っていました。
姉に洋服を買えば、妹の私にも必要がなくても必ず買ってくれました。
また、女の子と男の子も区別しませんでした。姉や私に『女の子だから』と、言ったことはありません。弟に『男のくせに』とも、言いませんでした。母は人が気を悪くすることは、言わない人でした」

筆者「子供の立場から見ると、理想のお母様ですね」

和子「大事に育てられすぎたと思います」

筆者「お母様が家で弁護士をしておられましたね。人が家に出入りするのは、嫌でなかったですか」

和子「居間で夕食を食べていると、玄関に『こんばんは』と人が来ることも、よくありました。小さい頃は嫌でした。しかし、慣れると気にならなくなりました」

筆者「職業人としてのお母様は、どんな印象でしたか」

子供と

和子　「依頼者の話を一生懸命、聞いていましたね。引き受けた事件は熱心にやっていました。私が高校生の頃は、一度、母が弁護士をしている法廷を傍聴したことがありますが、普段の母と違い、ものすごい迫力には驚きました」

筆者　「お母様を尊敬しておられますか」

和子　「はい。とても尊敬しています。

父は、私が一歳のときから一九歳のときまで、ずっと参議院の議員でした。東京で過ごすことが多く、父は母に子育てや家のことを、任せっきりでした。

今、考えると幼い子を三人も抱えて、母は大変だったと思います。母はいつもやさしく、強さを人に感じさせません。しかし、実はすごい頑張り屋です。苦労しても表に出しません。何事もなかったかのように淡々としています。私にはまねができませんね」

筆者　「ご両親は、どんなご夫婦でしたか」

和子　「別居が長かったから、一方が他方にべったり寄りかかることはなかったようです。人間として、互いに独立していたと思います」

筆者　「女性の生き方について、お母様から何か教えられたことがありますか」

和子　「依頼者の女性について、母から具体的な話を聞いたことが何度かあります。母は『女性は今の社会で弱い立場にある』と言いました。『将来、結婚しても仕事はしていた方がよい』と教えられましたね」

筆者「お父様に対しては、お子様はどう思っておられましたか」
和子「物心ついたときにはすでに、父は東京に出ていましたから。たまに帰って来ても、会合やお客さんが多く、本当に接する機会は少なかったんです。何となく近よりがたい存在でした」
筆者「お父様は、損な役ですね」
和子「父は、忙しかったからしかたないですね」

〈議員の家族〉


和子「特に、参議院の議員選挙の期間はとても忙しく、てんやわんやでした。父は運動期間の二〇日間くらい毎日、約三時間しか眠りませんでした。

子供心に『大変だなあ』と思いました。私の家にもたくさんの人が、出入りします。母も応援であちこちを飛び回ります。子供も落ち着きませんね。

しかも、開票のときは『お父さん、当選してるかしら』と心配です。今でも、ほかの方の選挙の開票速報を聞くと、父のときを思い出して、ドキドキします」

筆者「議員さんは、お付き合いも多いでしょう」

和子「はい。お正月には父の支持者が、お年賀に来ます。だいぶ田舎からも来て下さいます。元旦には、五〇人ほど来ましたね。たくさんの人に、ごちそうを出さなければなりません。ほとんどは、仕出し屋さんに頼みました。しかし、一部は母が作っていました。大皿にたくさん盛ります」

筆者　「入れ代わり立ち代わり、お客が来るわけですね。お子様たちはどうしておられましたか」

和子　「別の部屋で、かるたやトランプなどをして遊んでいました」

お正月の客につき、正子に聞いてみた。

筆者　「年始の接待は大変でしたね」

正子　「いいえ。主人も私も、人が好きですから。苦になりませんでした」

第九節　おしどり夫婦

〈きずな〉

筆者　「吉雄先生が参議院議員をしておられたのは、一八年間。その間、別居しておられましたね」

正子　「別居といっても、夫は暇を見つけては、鳥取に帰りました。また、参議院宿舎は家族が宿泊できるので、私もよく東京に出かけました。

だから、単身赴任という感じはしませんでした」

筆者　「別れて暮らしていらっしゃると、夫婦の気持ちも離れることはないですか」

正子　「いいえ。夫は手紙や電話がとても好きなので、よく考えを伝え合いました。

それに、ほかの離婚する夫婦を見ていると、考え方が根元で結びついていません。しかし、夫と私は大事なことで、共通点がありました。

共通な点の第一は、学問が好きなことです」

筆者　「ご主人様は何冊も、本を書いていらっしゃいますね。

『日本農業の将来』（山陰日々新聞社、昭和二五年〔一九五〇年〕）

『わが国会活動の記録――日本の平和と郷土の繁栄のために』（大浜書店、昭和三〇年〔一九五五年〕）

『農村保健全書』（富民協会、昭和五三年（一九七八年））

『人生の名優たち――人生・事業・健康』（富民協会、昭和六〇年（一九八五年））

など」

正子　「はい。農業のあり方と、農民の健康に関心を持っていましたので。同じ点の第二は、理想を高く持って生活すること。日々の営みに埋もれてしまわず、社会をよくしようと考えていることです。

夫は国会議員のとき、中国へもヨーロッパへも行きました。視野を広くし、幅広い考え方をしようと努めていました。私も夫に、見聞を広めてほしいと望みました」

筆者　「なるほど」

正子　「第三に一緒の点は、弱い者の味方になることです。戦後、農民は重い労働をし、栄養も悪かった。夫は休養することや、食事の仕方も教えました。

第四は、金銭欲がないこと。私は弁護士の仕事をするとき、『儲けよう』と思ってやることはありません。夫もお金には淡白でした」

筆者　「お互いに、強い信頼がおありになったのですね」

〈別れ〉

筆者　「ご主人様はいつ、亡くなられましたか」

正子「去年です(昭和六〇年〔一九八五年〕五月一日)。脳梗塞でした。四月の初めまで、元気だったのです。私と一緒にお昼ごはんを食べて、夫は部屋に下がりました。しばらくすると『おかあちゃん』と私を呼びます。夫の部屋に行くと、もう様子がおかしくなっていました。そのまま意識を失い、二八日後に亡くなりました」

次女の和子に、夫を亡くした正子について聞いた。

筆者「お父さまがお亡くなりになって、お母様はお寂しいですね」

和子「寂しいのでしょうが、母は感情を外に出しません。私たち子供にも、愚痴は言いませんね。仕事を持っているので、救われていると思います」

第一〇節　女性で初の弁護士会会長

〈弁護士はいい仕事〉

筆者「弁護士になられて、よかったですか」

正子「ええ。弁護士はいい仕事ですよ。自由で、頭を押さえられませんもの。しかも、やりがいがあります」

弁護士について、正子はこう書いている。

「現在、日本の婦人弁護士の数は全弁護士の五パーセントに満たない六百人余りである。[※4] 昭和十五年の三人から四五年もたっているのに、その増え方は大層緩やかである。私が鳥取県弁護士会に入ってから四十年たつが、振り返ってみると女性は初めから私一人であり、現在に至っている。たまに『男性ばかりの中で大変でしょう』と同情して下さる声を聞くが、私は弁護士の仕事そのものは大変だと思うが、男性の弁護士の中にいるから大変だと思ったことはない。私は、男性に対抗して一歩もひけを取るまいなどと考えたことはない。また、女性だから一歩下がって遠慮しておこうとも考えたことはない。ごく自然な気持ちで弁護士としての仕事をし、同じ会員として他の弁護士の方々と円満なおつき合いをさせていただいている。

……（中略）……

多くの人にとって、裁判を起こしたり起こされたりする事は生涯の内一度あるかないかであろう。従って裁判にかかわった人の裁判に対する思い入れは大変なものである。だから弁護士としては、……（中略）……ことにその事件の勝敗がその人の生活に大きな影響を及ぼすような場合、どうしても勝たねばならないと思い、一生懸命にならざるを得ない。このようにして依頼人と弁護士との間は、信頼感と責任感で結ばれるので、事件が解決した後も引き続き親しい交際を続けてしまう場合が多い。弁護士を長い間続けていると、このような関係の人が増えてくる。このような方々から以前はよく『先生、東京に帰らないで下さい』と言われた。最近は『先生、長生きして下さい』と言われるようになり、これには私も返答のしようがなくて困っている次第である」（朝日新聞鳥取版、昭和六一年四月二七日付）

※4　令和五年（二〇二三年）五月現在、女性弁護士の数は全弁護士の一九・八パーセントで八九一〇人。

〈地方の弁護士〉

「(鳥取では、) ほとんどの弁護士が裁判所の近くに住居兼法律事務所を持っています。私の家も、裁判所まで歩いて一〇分、開廷まぎわに裁判所に着き、仕事が終わればさっさと引揚げるといった具合でまことに便利です。それに、終戦を境として裁判所の空気も民主的に変わったせいもあって、鳥取の書記さんも廷吏さんも皆親切で、私にとってはまことに居心地よく感じられました。

地方の弁護士の特色としては、都会のような仕事の専門分化がなく、一人で民事も刑事も行政もといった具合です。東京では主として人事訴訟をやっていた私のところに、民事一般はもちろんのこと殺人、放火、強盗事件などが飛びこんできます。初めのうちは戸惑いましたが、思い切って引受けてみると、それはそれなりに興味深く、今では刑事事件も一生懸命やっております」（「婦人法律家協会会報」一二号二五頁）

弁護士として

〈鳥取の弁護士会〉

「鳥取県弁護士会の会員は鳥取市十人、米子市九人、倉吉市二人の二十一人の小人数である。だから鳥取の裁判所の民事の法廷では多くの場合、相手方の代理人はおなじみの鳥取県の弁護士という事になる。しかし、いったん法廷に立てば、原告と被告という相反する依頼人の利益のため、争う事となる。……（中略）……裁判が終わって一歩法廷の外に出れば事件のことは忘れて、お互いにまた元の和やかな状態に戻るわけである。だから鳥取地方裁判所の中にある弁護士控室はいつも和気あいあいとして、開廷の時間を待ったり、法廷の済んだ後の休憩を楽しんだり、時には雑談の花が咲くといった具合である。

弁護士会では一年に一度、弁護士会長を選任することになっているが、鳥取は他の大きな弁護士会の会長選挙のような競争は全くない。二十一人の会員ではむしろ、だれかがやらなければならないと言う事になる。最近は定期総会で選挙で選出しているが、以前は数名から成る推薦委員会が会長を推薦した。昭和四十四年には推薦委員会は私を会長に推薦した。せっかくの推薦なので私は引き受けた」（朝日新聞鳥取版、前同日付）

「私は、前に副会長を二回しているので、会長の仕事の内容については大体分っており、また弁護士の就業年数も当時で二九年になるので、その点ではあまりひけをとるという事もないわけです。私としては、特に自分が女だから会長になるのはおかしいという考えは持たなかったし、他の会員も、そのような考えはなかったようです。むしろ、弁護士会の外部の方が、異例のことのように思われたむきもあったようです。もし、会員の方々が、女性を会長にするのはよそうと考えるならば、選ばない事もできるわけだから、これは鳥取弁護士会が民主的に運営されている一つの現われだと言えるし、会員の方々の善意と良識をうれしく思った次第です」（「婦人法律家協会会報」前同頁）

「女性が初めて弁護士会長になったということで、日本各地の婦人弁護士の方々が大変喜んで下さった。私は会長になってよかったと思った」（朝日新聞鳥取版、前同頁）

第一一節　砂丘へ

〈砂丘〉

昭和六一年（一九八六年）八月。茨城県から鳥取県に、筆者が行っての正子へのインタビューが終わったとき、彼女は、「お帰りの飛行機まで、少し時間があるわね。鳥取砂丘にご案内します」と言ってくれた。筆者は鳥取に来るのは初めて。当然、大砂丘も見たことはない。筆者が喜ぶと、正子は「鳥取砂丘くらいしか、お見せするものがないのよね」と、笑った。

正子のほか、次女の和子と、和子の娘も一緒に来てくれた。正子の自宅からタクシーで約二〇分。白い砂丘と青い日本海が、印象的だった。砂丘は一見するとあまり広くない。

インタビュー後、鳥取砂丘にて（昭和61年8月）。右から中田正子、中田の孫、筆者

しかし、上にいる人が小さく見える。「やっぱり、大きいなあ」と思った。

七七歳の正子も砂を踏みしめて、一緒に歩いてくれた。八月の太陽の下、さすがに彼女の息は荒かった。

筆者は正子とその娘、孫の三人に、心からお礼を言ってタクシーに乗った。そして、鳥取空港に向かった。


〈青い海〉


筆者を乗せた小さな飛行機は、滑走路を離れた。窓から下を見ると、もう日本海の上を飛んでいる。後方に、鳥取の町と、なだらかな山々が見渡せる。「しなやかに生きた、美しい人のいる土地だ」——そう思った。

飛行機はぐんぐん沖に出る。もう目に入るのは青い海と、白い波頭だけになった。

追記

初版出版時に三人のうちお一人だけご健在でいらっしゃった、鳥取県弁護士会の中田正子先生も、平成一四年（二〇〇二年）に他界された。

平成一八年（二〇〇六年）の四〜五月、中田先生の業績を振り返る企画を、鳥取市歴史博物館が主催された。先生のお嬢様方がこのことを私に知らせて下さったので、私は鳥取行きの特急に乗り込んだ。

鳥取駅に着くとすぐに、私は砂丘にタクシーを飛ばした。二〇年前に中田先生にインタビューしたとき、先生が私を連れて行って下さった砂丘を、もう一度見たかったのである。青い空の下に、砂丘は、黙ってあの日のままの姿で存在していた。

そのあとすぐに、タクシーで鳥取市歴史博物館に向かった。丹念に資料や写真が集めてあり、見応えのある企画だった。私の書籍『華やぐ女たち』も、中田先生と私が二人で写っている写真とともに、大きなガラスケースに納めてあった。そのガラスケースの前で、この日は東京から出向いて下さっていた先生の次女の和子さんが、「母はこの本がとても気に入って、何度も読んでいたんです。入院していたときは、枕元に置いて開いていました」とおっしゃって下さった。それは初めて知ったことだった。

また、中田先生のお子様は三人とも東京に住んでおられ、晩年は東京に先生を呼ぼうとされたそうだ。しかし、先生は「鳥取には私を必要としている人たちがいる」と言われて、自らの故郷でもある東京に行こうとはされなかったという。それは、もちろん子供たちの手をわずらわせたくないという配慮もあったのだろうが、「鳥取には私を必要としている人たちがいる」という言葉は、本当にそう思っていなければ言えるものではないと思う。

また、この日は、鳥取市歴史博物館の学芸員で、この企画の中心だった奥村寧子さんの「日本初の女性弁護士中田正子」という講演もあった。この講演の中で、東京生まれの中田先生が結婚されてしばらくして夫の実家がある鳥取に来られて、食糧のために農作業もされていたのを見て、近所の人が「お人形さんがイモを植えているようだった」と言っていたという話もあった。

講演後、奥村寧子さんは、次女の和子さんと私を車に乗せて仁風閣に案内して下さった。仁風閣は、瀟洒で素敵な洋館だった。そのあと、特にお願いして中田先生が事務所兼自宅として、約五〇年間、借りておられた武家屋敷にも連れて行っていただいた。

今は空き家になっているが、敷地に入ると二〇年前におうかがいしたときの記憶がよみがえる。閉じられた木戸の裏にふと、中田先生がたたずんでおられるような錯覚にとらわれた。

第四章

久米愛——女性法曹のフロントランナー

第一節　三つの個性

女性検事の第二号、佐賀小里——筆者の義母で、今は弁護士である。昭和二二年（一九四七年）に司法科試験に合格した。彼女は、久米ら三人の若い頃をこう表現する。

「久米愛さんは、スラックスでつかつかと歩いて来るイメージ。三淵嘉子さんは、丸ぽちゃでおしゃべり好きの明るい人。中田正子さんは、すらりとした貴婦人タイプ。着物を上品に着ておられた。家庭を大事にされた」

第二節 足跡

久米愛——日本の女性法律家のフロントランナーだった。昭和五一年（一九七六年）七月に、がんで亡くなる（六五歳）。

戦後、女性も社会に出ようという盛り上がりの中で昭和二五年（一九五〇年）にできた「日本婦人法律家協会」（現在の「日本女性法律家協会」）。久米は創立から二六年間、ずっと会長だった。亡くなる、その日までである。

国連総会にも八回、出席した。政府代表や代表代理だった。

亡くなる年の二月には、日弁連から最高裁判所の判事に、推薦された。

ほかに、

○津田塾大学の理事
○津田塾会の理事長（同窓会長）
○明治短期大学の教授
○法制審議会民法部会の委員
○婦選会館の理事
○国内婦人委員会の副委員長

○婦人少年協会の理事などを歴任した。

第三節 出会い

〈面影を訪ねて〉

筆者は、久米愛に会ったことがない。筆者が検事になったのは、昭和五五年(一九八〇年)。久米はすでに世を去っていた。

昭和六一年(一九八六年)の三月、筆者は愛の夫、知孝[※1](当時七三歳)を訪ねた。自宅は東京都杉並区の高円寺にある。交通量が多い環状七号線を横切って、三〇メートル入る。静かな一画。芝生の庭がある、洋風の建物だった。

恐る恐る、呼び鈴を押す。厚い茶色の扉が開いて、老人が顔を出した。「雨の中をご遠方からありがとうございます」。やせているが、かくしゃくとしている。玄関から広い応接間に通される。次女の宗像知恵子[※2](当時三七歳)が、お茶を出してくれる。

※1 大正元年(一九一二年)九月生まれ。愛は明治四四年(一九一一年)七月生まれ。

※2 昭和二三年(一九四八年)生まれ。夫は東海銀行に勤めている。父の知孝と同居。インタビュー時に「一カ月後、夫の転勤で名古屋に引っ越す」と言っていた。

愛の子供は、ほかに長女の溝口純子(昭和一八年〔一九四三年〕生まれ)。昭和一六年(一九四一年)に誕生した長男は、昭和二一年(一九四六年)、五歳で亡くなった。

〈出会い〉

「愛先生と結婚されたのは、どういういきさつからですか」と、筆者が切り出す。

知孝は「いやあ、子供にもまだ話したことがないんですがね」と、照れながら知恵子を見る。

「彼女と出会ったのは、私が東大の法学部の三年生のときでした。昔の大学は三年制ですから、最後の年です。

昭和一一年（一九三六年）八月。私は長野県の信濃追分に行っていました。あの頃、学生は夏になるとよく、避暑地で勉強したものです。

信濃追分に『油屋』という旅館がありました。昔の旅籠屋で、古い大きな造りでした。焼けて、今は新しい建物になりましたがね。

私は『油屋』に、医学部や工学部の友人と、四人で行ってました。愛も女性の友人[※3]と泊まっていたのです。

私は男ばかりの四人兄弟。学校も男と女は別でしたからね。女の人と言葉を交わしたことなど、ありませんでした。

同じ『油屋』にいた愛たちとも、ほとんど、話しませんでした。

夏も終わる頃です。もうすぐ東京に帰るから、どこかにハイキングに行こうということになりました。神津牧場が近いので、彼女ら女性グループも誘って行きました」

※3　明治大学の同級生である西塚静子と鈴木光子（結婚後、西岡）。西塚の妹もいた。後に、西塚は裁判官に、鈴木は弁護士になった。

〈外国へのあこがれ〉

知孝も愛も、個性のある人間だった。

知孝の父は鉄道技師。大正時代、日本は機関車を輸入していた。国内に運ぶ前に、点検しなければならない。父は大正八年（一九一九年）から一一年間、輸入機関車の検査官として、単身でニューヨークに渡っていた。

知孝は小学生。父が送ってくれる絵はがきを見て、「外国へ行きたい」という夢をふくらませた。「海軍兵学校に入れば、船で世界を巡れる」と考えた。教師は「お前は体が弱い。無理だよ」と言った。知孝は朝礼で、たびたび貧血を起こして倒れていたからである。

そこで知孝は、次に中学生の頃「外交官になろう」と考えた。

「当時、医者はドイツ語、外交官はフランス語と決まっていました。私は高等学校でフランス語を勉強しました。

ところが、昭和一一年に『二・二六事件』が起こったのです。私は大学の二年生でした。

私は規則に縛られるのが嫌いなタイプでね。軍人が威張るのが嫌でした。道で、サーベルを下げた軍人とすれ違うとき、フイと横を向くほどでした。

『二・二六事件』を見てね、軍人が暴れ回るようになったと、がっかりしました。しばらく、勉強する気にもなれませんでした。

独裁の国で役人をしても、つまらない。外交官はあきらめました。

そしてブラジルに行こうと考えました。日本にはうんざりしたからです。ところが、向こうではコーヒーや小麦や、綿花を作ります。日本からは農業労働者として、行くんです。自分の体力では駄目だと分かりました」

少女時代の愛

知孝が愛と出会うのは、この年の夏である。

〈夢を追って〉

愛[※4]は津田英学塾（今の津田塾大学）で英語を学んだ。しかし、不況で英語の教師の口は少なかった。もうすぐ、女性が弁護士になる道が開かれそうだと聞いた。胸を踊らせて、法律の勉強を始めた。[※5]

知孝と会ったときは、二五歳。明治大学法学部の一年生だった。

［愛の経歴］

明治四四年（一九一一年）　七月　誕生
昭和　四年（一九二九年）　三月　夕陽丘高等女学校を卒業
　　　八年（一九三三年）　三月　津田英学塾を卒業
　　　八年　　　　　　　　四月　明治大学女子部に入学
　　一一年（一九三六年）　三月　同　卒業
　　一一年　　　　　　　　四月　明治大学法学部に入学
　　一三年（一九三八年）一一月　高等試験司法科に合格
　　一四年（一九三九年）　三月　明治大学法学部を卒業

愛は知孝と婚約したあと、こんな手紙を彼に書いている（昭和一二年〈一九三七年〉六月三〇日付）。

「私はこの階段（弁護士になる試験のこと）を通らなければ、自分の一生は開けないのだ。どんなことがあっても一生懸命やるんだぞって、常に自分に言い聞かせていました。

また、女性に新しい道が開かれてその上を歩もうとするとき、自分個人の問題としてではなく、少し大げさに言えば社会的な意義や使命といったようなものさえも、感じていました。今も感じています。

そして、それを終生の仕事として選ぶときに、自分の性格や能力のことも考慮しました。そして、自分にはきっと、やっていける自信があると信じて、弁護士になる決心をしました」（同手紙から）

※4　結婚前の姓は、「藤原」。
※5　後に六三歳になって、愛がなぜ弁護士をめざしたのかを話した記事がある（毎日新聞東京版、昭和五〇年一月一〇日付朝刊三頁）。「はなたれ娘のころから、男専制の社会に憤りを感じていたし、父が〝お前は口答えの名人、日本にも女弁護士ができればなあ〟って」——勝気な少女のエピソードである。また、父の娘に対する期待と愛情がうかがえる。

〈火花散る〉

筆者「ハイキングがきっかけで、親しくなられたんですか」
知孝「ええ。ハイキングから帰った夜、みんなで話をしたんです」
筆者「どんなお話でしたか」
知孝「人間って何のために生きるかって。

私はブラジルへ行くのをあきらめて、生き方を考えていました。

私は東大三年のとき、河合栄治郎[※6]の講義を聴き、影響を受けていました。『全人格の完成』が人生の目的だとの考えです。全人格を完成するために努力し、人知れず世を去る——それでいい。

愛も『自由がなければ人は成長できない』という、自由主義、個人主義者でした。彼女は津田塾で英米文学を学びました。私が会ったときは弁護士になるために、勉強中でした。

ハイキングの夜、彼女は『自由主義は当然に個人主義につながる』と言いました。私は『いや、違う。河合栄治郎は自由主義だが、社会主義をとっている』と真っ向から反対しました。

私は、納得できないことを『そうだ』と言えないのです。彼女も真剣でした。今、考えたらどうでもいいことですがね。夢中になって議論しました。夜の二時、三時まで続きましたね」

香坂峠にて。愛と知孝の出会いのとき。愛は25歳。左から２人目が愛、右から２人目が知孝。

※6　河合栄治郎（一八九一年～一九四四年）。東大の経済学部で社会政策を講義した。カントの観念哲学をとった。イギリスの伝統である自由主義と、イギリス労働党の社会主義を結びつけた。社会主義を実現する方法として、議会制民主主義を主張。マルクス主義と対立した。軍部を批判して、思想弾圧を受けた。著書『ファッシズム批判』（日本評論社、一九三四年）などが、出版法違反とされた。
河合栄治郎は『学生に与う』（日本評論社、一九四〇年に発行）で次のように述べている。学生や青年に人気が高かった本である。
「人格とは真、善、美を調和し統一した主体であるから、これが最高の価値、理想である。……（中略）……それ（人格）が我々の目的であって、あらゆる他のものは手段であり、これを物件（Sache）という。従って富も地位も我々の身体もまた、物件であって決して目的ではない」（前掲『学生に与う』五六頁）

〈ルーツ〉

筆者　「愛先生が女性なのに、戦前から自由主義や、個人主義の考えをもっておられたのは驚きですね。今なら、当たり前ですが。愛先生はなぜ進歩的な考えをもたれたのですか。英米文学を勉強したからとおっしゃいましたが、津田塾を出ても多くの人は、良妻賢母になったわけでしょう？」

知孝　「なぜか私には分かりません。会ったときには、はっきりした考えをもっていましたね。愛の父は大阪の電力会社の社長だったそうです。彼女が津田塾のとき、五九歳で亡くなりました。父を知る身内は皆、亡くなりました。どんな考えの人だったかについて、話せる人はもういません。

愛の母は、ごく普通の主婦でした。

愛の兄は、藤原守胤[※7]といいます。彼女と九つ違いです。慶應義塾大学の名誉教授でね。アメリカの政治史を教えていました。昭和五二年（一九七七年）に亡くなりました。

彼は、ハーバード大学に何年か留学していました。帰国した兄と彼女は二人で、荻窪で暮らしたことがあります。私と出会う前です」

筆者「お兄様に教えられたのでしょうか」

知孝「かなり、影響はされたでしょうね。

しかし、彼女の考えは借り物ではありません。死ぬまで、既成の物にとらわれず、前向きでした。

正義感が強かったです。弁護士になっても、自分の信念に反する事件は、引き受けませんでした」

※7　著書に『アメリカ建国史論（上）（下）』（有斐閣、一九四〇年）。上巻が六六〇頁、下巻が六八八頁の大作である。

〈ともに歩む〉

昭和一一年（一九三六年）の夏に出会った二人は、東京に帰っても交際を続けた。

愛にとって知孝は、思ったことを何でも話せる相手だった。彼女が知孝にあてた手紙（同年一一月三〇日付）。以下の手紙の引用は、愛の手紙の中から、知孝が抜粋してノートに書き写し、筆者に手渡してくれたものである。

「現実の問題として従来の結婚生活は、男が外に出て働き、女は家を守り子を育てるものとなっていた。結婚して子供をもって社会的に働いた女があったにしても、それはおそらく例外として扱われて来たにすぎなくて、結婚生活から当然女に要求された仕事を愛した人とは、みなされてこなかった。私にはそれが非常に不満なのです。

このごろ、新聞を見ながら、膨大な予算を知り、その五割弱が軍事費だったり、残酷な大衆課税を見、ファッショ国家との協定によりますます独裁化していきそうな日本を眺め、戦争の恐怖を感じ、さらに、さまざまな悲惨な社会問題を提出されて、いったい世の中はどうなっていくのだろうという不安を感じる。

こんなときいつも、もし女性が——人口の半分を占めている。——直接、与論の構成に参与し、社会の建設にもっと直接にかかわっていたら、こんなにまで険悪な社会相を態さずにすんだろうと思う。少なくとも、今の多くの不幸や誤りはもう少し、形を変えているのではないか。

私は女権拡張論者ではない。女権の拡張は、単に女性にとって必要なのではなく、よりよい社会や国家をつくるために必要である。

女性が女性として、社会の建設に直接かかわっていれば、世の中はもっと住みよいところになるに違いないということについて、私は確信に近いものを持っている。長い間の歴史やまた現在、女性が受けつつある教育のために、目下、この理想は早急には実現しないでしょうが。私が社会人として生活したいというのは、もちろん、その根底に自分の生活が欲しいという、自己表現の本能といったものがあるには違いない。しかし、もしそれに理想的な根拠を与えるとすれば、(女性が頑張らなければ、世はよくならないという) 以上の理由です。

そして、今、他の女性にそのことを要求しえなくとも、少なくとも自分だけは良妻賢母の生活に落ちてしまいたくない」(同手紙から)

愛はずっと、自分は独身で通すかもしれないと思っていた。知孝への手紙の一節 (同月二二日付)。

「私は一人ぼっちでいてもなお、自分を捧げられる仕事が欲しいのです。私はそうした仕事を持ち得ないなら、結婚なんかしないでいると思っていました。どんなに人を愛したって、それを犠牲にしなければならないなら、愛をむしろ捨てようと思っていました。

実際、私は今まで、一生、一人でいても愉

知孝と婚約中の愛（昭和12年、26歳）

快に明るく、偏見のない寛容な態度で暮らせる人間になるように、心がけて来ました」（同手紙から）

愛は生涯、まわりを楽しくし、勇気づける人だった。彼女はこの手紙を書いたころ、知孝と結婚の約束をした。信濃追分で知り合って、三カ月後である。

彼女は結婚についての考えをこう語っている。

「私は結婚して母になっても、そのために人生や社会に対する、自分の理想や希望や野心を捨ててしまうことは考えられません。『自己を生かし得ない生活は、死ぬのと同じ』とは、私が子供のころから変化したことのない考えです。

世間でいわゆる良妻賢母の生活を見て、なるほど彼女らはその夫を通じ、子供を通じ結局、自分の生活をもっているのであろうが、私にはもっと社会人としての仕事をもった、直接的な自分の生活が欲しいと思ったものです」（同手紙から）

――愛も知孝も理想を求めていた。二人の出会いは、単なる偶然ではないように思える。

第四節　人生を開く――結婚と合格

〈結ばれる〉

知孝が愛と知り合い、婚約したのは昭和一一年（一九三六年）。翌年三月に、知孝は大学を卒業し、日立製作所に就職した。彼は北九州の工場に配置された。

愛は明治大学の学生なので、東京に残った。離れた二人は手紙で、心をつないだ。

結婚は昭和一三年（一九三八年）一月。お正月休みで知孝が、東京に帰って来たときである。

知孝「結婚したといっても、私はすぐ北九州に戻らなければなりません。彼女は大学二年生です。弁護士になる試験を夏に控えていました。それで引き続き小石川（東京都文京区）のアパートで一人で勉強しました」

結婚後、東京から北九州への手紙（昭和一三年二月一五日付）。

「妻としての生活と、職業婦人としての生活を、死の瞬間までどちらもヒックリ返さないようにしようと決心しています。今週になって非常によく勉強が出来ます。雑念を去って精進するといった気持で一杯です。結婚生活が、更に学問への精進を助けてくれることに感謝しています」（同手紙から）

筆者「どんな結婚式でしたか」

知孝「式なんてやりません。新婚旅行には行きました。記念写真も撮りました」

筆者「なぜ式をなさらなかったんですか」

知孝「二人とも形式にとらわれない人間ですから。式なんていらないという考えです」

筆者「戦前は弁護士になろうなんていう女の人は、珍しいでしょう。しかも、知孝様より愛先生の方が、一つ年上ですよね。ご両親は反対なさいませんでしたか」

知孝「いいえ、初めて会ったときから父も母も、愛を気に入りました。彼女は明るくて、よく気が付きましたから。母などは私に『あんたより愛さんの方が、好きになりそうだ』と言っていました」

結婚した年（昭和一三年）の七月、愛の試験があった。もちろん、受かるかどうか分からない。しかし、一区切りついたので愛は、知孝の両親と同居した。家は杉並区の高円寺。今と同じ場所である。

結婚の記念写真（昭和13年、愛は26歳）

〈軍隊〉

二カ月後の九月。北九州にいた知孝が、軍隊に召集される。赤坂（東京都港区赤坂檜町）の歩兵第一連隊に入った。知孝は言う。

「軍隊なんて大嫌いだったのに、兵隊に取られちゃったんですから。嫌でした」

〈クリーンヒット〉

次いで一一月。司法科試験の合格者が発表された。武藤嘉子（二五歳）、田中正子（二七歳）、と愛（二七歳）が、女性で初めて試験にパスした。新聞に大きく取り上げられた。

〈新聞のニュース〉

当時の新聞の見出し。

①「法服を彩る紅三点　弁護士試験・初の栄冠」（東京朝日新聞、昭和一三年一一月二日）

②「日本最初の女弁護士　三人合格・来年から法廷へ」（新聞名不詳、※8 同日）

③「女弁護士・初めて誕生　喜びの三人　中に皇軍勇士の夫人も」（新聞名不詳。※8 同日）

④「女弁護士は勇士の妻　見事・難関突破した久米愛さん」（大阪朝日新聞、同月三日）

上記の記事のうち、③の「皇軍勇士の夫人」とか、④の「勇士の妻」というのは、愛のことである。知孝は召集されていたから、「勇士」になった。武藤と中田は、独身だった。

知孝も愛も、軍隊が嫌いだった。それなのに、「勇士の妻」とされているのには苦笑しただろう。二年前の昭和一一年には、二・二六事件。次の昭和一二年（一九三七年）には盧溝橋事件が起こっていた。日本は、中国と戦争に入った。

愛たちが合格した昭和一三年。日本軍は必死に中国を攻めていた。

愛たちの合格を伝える①東京朝日新聞（二頁）。三人の若い女性の写真のまわりは、戦争に協力する記事ばかりである。見出しを拾ってみよう。

「海の精鋭・大行進　銀座を行進する海兵団」

「戦線で夢じゃない　赤飯や鮪の握り　人気者の松永部隊」

「広東語のいろは　子供が先生・兵隊さんは生徒」

「作ろう遺族会」

同じ年の春、日本は一気に中国を負かそうと、必死で攻撃した。五月、日本軍は徐州を占領した。一〇月には、広東と武漢も占領。主な開港都市を手にした。

しかし、日本は中国軍の主力をたたいたのではなかった。その後、この戦争は長期戦に突入していく。日本は兵力が足りない。軍事費も膨大にかかり、国民の生活が苦しくなっていく。

東京朝日新聞

海の精鋭 大行進

戰線で夢ぢやない 赤飯や鮪の握り 人氣者の松永部隊

廣東語のいろは 子供が先生 兵隊さんは生徒

法服を彩る紅三點 女性の法律問題は女性が 辯護士試驗 初の榮冠

喜びの三人は語る

感激の余り自首 提燈行列の列中から

武裝の中等校生も

作らう遺族會

夜具ざぶとん 特賣 西川

子供洋服特別大奉仕

續露營の歌

戰場吹雪

廣東だより

東横百貨店

武藤、田中、久米の合格を報じた新聞（東京朝日新聞、昭和13年11月 2 日付夕刊）

※8　②と③の記事は、知孝が持っているスクラップブックに切り抜いてあった。日付は書いてあるが、新聞の名前は書かれていない。

〈だれも知らない〉

筆者　「愛先生が弁護士の試験に受かられて、軍隊でも評判になったでしょう」

知孝　「いいえ、ちっとも。軍の連中は弁護士に、興味なんてありません。兵舎には新聞もないですし。家内のことなんか、だれも知りませんよ」

結婚した年、掃除の合間に（昭和13年、26歳）

〈知的なひとみ〉

中田正子（当時、田中）は、思い出す。

「初めて久米さんにお会いしたのは、昭和十三年十月、久米さん、三淵さん（当時武藤さん）と私の三人が女性でははじめて司法試験に合格したというので、祝賀会やら座談会などに招かれたりしたそのような席上でのことでした。

度の強いふちなしめがねの奥に理知的な瞳が輝き、きりりとした身のこなしや態度に最初はちょっと近づき難い感じもしましたが、話してみるととても親しみ深くユーモアも充分持ち合わせていられて、すぐ仲好しになることが出来ました」（「婦人法律家協会会報」一六号四頁）

第五節　キャリアウーマン

〈弁護士の見習い〉

愛は昭和一三年の秋、司法科試験にパスした。そして、翌年、「弁護士試補」になった。

「弁護士試補」は、弁護士の見習いである。三淵嘉子はこう説明している。

「昭和一一年に改正された弁護士法は従来なかった弁護士試補制度を取り入れ、一年半の修習制度を新設した。弁護士試補の修習は各弁護士会が実施することとなっており……（中略）……。当時は大学出たての司法科試験合格者は殆ど裁判官や検察官を志して司法官試補になったので、弁護士試補は年輩の人が多かった。司法官試補は官吏として給与が支給されたが、弁護士試補は一年半の間無給である。家庭を持った年輩の男性が……（中略）……一年半無給で修習を受けなければならないということは大変なことである。

（司法官試補に加えて弁護士にも）修習制度を新設したのは弁護士の資質向上のためであるが、その間無給というのはいかにも官優遇の戦前らしいやり方であった。……（中略）……当時は、弁護士試補修習の経費が国から弁護士会に交付されたので、各弁護士会はこの交付金から経費を差し引いた上で所属の試補に手当を支給することにしていた。各弁護士会毎にその金額は異なったが、私の記憶によれば月額二〇円くらいが支給されたと思う。私立大学出身者の初任給が

月額四五円くらいではなかったろうか」(三淵嘉子ほか『女性法律家』〈有斐閣、一九八三年〉九～一〇頁)

愛は、有馬忠三郎の弁護士事務所で、弁護士試補の修習をした。有馬は、当時一流の弁護士。丸の内に事務所を構えていた。

彼女は昭和一五年(一九四〇年)六月に、正式に弁護士となった。引き続き、有馬の事務所で仕事をすることになった。

〈夫婦らしく〉

愛が弁護士になって一カ月後(昭和一五年七月)、夫の知孝が召集を解かれ、戦地から帰ってきた。一年一〇カ月間、軍にいたのである。結婚して二年六カ月目、初めて夫婦らしい生活が始まった。知孝が軍に入る前は、愛は東京で試験勉強。知孝は九州に赴任していたからである。

夫が不在の間、愛は高円寺にある夫の両親

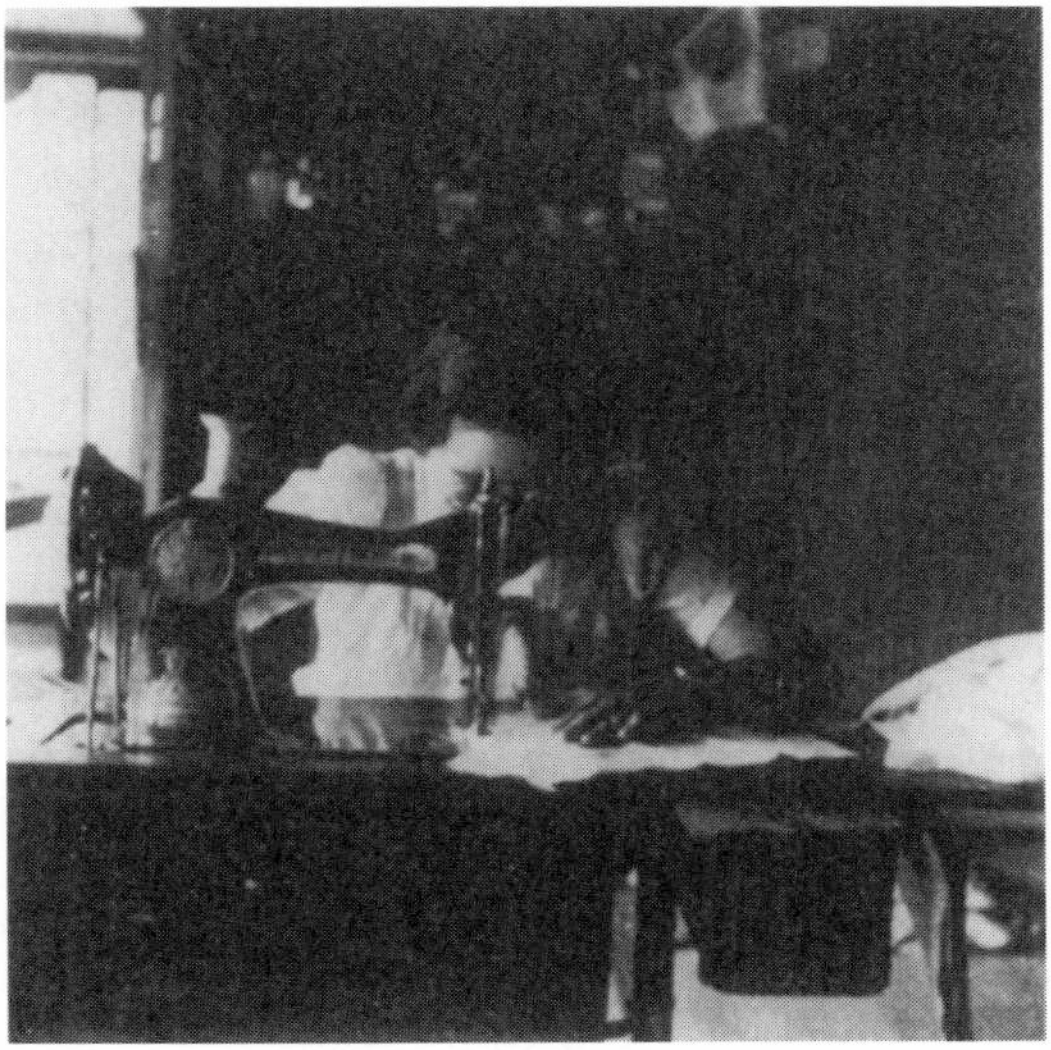

足踏みミシンを踏む。弁護士試補のとき(昭和14年、28歳)。

の家で暮らしていた。軍から帰って来た知孝もしばらく、両親の家に住んだ。勤めは前と同じ日立製作所だった。配属が九州工場から東京の本社に変わった。

間もなく、愛は初めての子を身ごもった。夫婦は大岡山（東京都目黒区）に家を借り、新居を構えた。昭和一六年（一九四一年）四月一日、男の子が生まれた。素彦と名前をつけた。

筆者「愛先生は、子供の世話はどうなされたんですか」

知孝「家に住み込みの女中さんがいました。今と違って昔は、ちょっとした家には女中さんがいるのが普通でした。何人もいる家も珍しくなかったです。農村は小作人が多く貧しかったので、若い娘を口減らしのため、都会に出したんですよ。だから、住み込みの女中さんの給料は、とても安いものでした。

大岡山の私の家にいた女中さんは、たまたま四〇歳くらいの人でね。子供の世話に慣れていました。安心して任せられました。愛は毎日、弁護士事務所に出かけていました」

筆者「赤ちゃん用の粉ミルクがもう、売り出されていたんですか」

知孝「さあ、粉ミルクだか牛乳だか忘れましたが、どちらかを飲ませていましたね」

〈**気負い**〉

子供の世話について、愛は五九歳になったとき、座談会でこう語っている。

「われわれも初めて（弁護士という）新しい分野にはいってきたときに、よく考えたことは、男に負けちゃいけないんだ、たとえば女だということで、家庭があるから、子どもがいるからという ことを口実に、早く帰ったり仕事をしなかったりするから一人まえに扱われないんだと思ってね、……(中略)……家庭があるから、こうしてください、子どもが病気ですからこうしてくださいというようなこと、言ったことはないわけです。……(中略)……歯を食いしばって、男と同じでなければ婦人の地位は向上しないんだというふうに、非常に単純に無邪気に考えて、それでそのままがんばってきたわけなんですけれどもね。……(中略)……それで、それがそのまま続いてきて、ああ、あれは男と同じにやるからいいんだというようなことを世間も考えたと思うんです……(中略)……。

それがそもそも根本的にまちがっていたということに気がついてきました。……(中略)……婦人というのは、次代をになう子どもを育てるという、非常に重要な責務を負っておるんだから、その部分に対しては社会が理解をし、同情を持ち、……(中略)……そういうことが可能であるような労働の条件を女性には作るべきである。

それでもまだ妻として母としてやるべきことを家庭内でしないで、それで外に出て働いたって意味がないというような考えが世間にあるもんだから、それもそうかと思ってうちへ帰ったら帰ったでいっしょうけんめいに家事をやって、だんなさまのごきげんもとって、ほんとうにたいへんだった。(笑い)われわれの若い時代の人はみんなそうやってきたものです。

男の先生がたが、……(中略)……個々の事件でやさしく包んでくださったり、親切にしてくださったり、そんなことをしていただく必要はいささかもないということです……（中略）……。……（中略）……けれども、それと同時に婦人のかかえている問題を社会全体の問題として理解して頂きたいのです。……（中略）……二千年代はどうであろうかとかいうような、人類の未来を夢見るならば、女の任務の重大さというものに男の人たちが、社会全体の問題としての深い理解を示していただきたい」（座談会「婦人法律家・これまでとこれから」「自由と正義」二二巻四号六四頁）

〈有馬弁護士〉

愛は、有馬忠三郎から影響を受けたと、三淵嘉子は書いている。

「（久米愛さんは、）弁護士有馬忠三郎事務所に所属されましたが、有馬先生の人格、ことにその自由な在野精神を深く尊敬しておられました。そして、あなた（久米さん）も有馬先生の在野精神を受け継いで生き抜かれたと思います。権力や地位を求めず、どんなに選ばれた困難な仕事を成し遂げられても、偉ぶった態度を見せられたことはありませんでした」（「婦人法律家協会会報」一六号三頁）

〈法服を着て〉

中田正子は言う。

「当時は法廷では裁判官も検事も弁護士も法服法冠をつけることになっており、早速に法服の注文取りが弁護士控室にやってきて、……（中略）……久米さんはしゃきっとした生地を選ばれ、私はサテン風のものでした。法廷に立った久米さんの法服姿は威厳もあって美しくとても素敵だと思いました」（同会報四頁）

〈スポットライト〉

愛が最初に法廷に出たのは、昭和一六年九月一七日。日本で初めて、女性が法廷に立った。東京地方裁判所で、刑事事件の弁護をしたのである。

被告人は若い女性。男に捨てられて、子供と心中しようとした。子供だけ死に、母は助かった。女性は殺人罪に問われた。

愛の感想。

「法廷に立ったときは別にあがったりもしませんでしたが、あくる日、〝婦人弁護士法廷に立つ〟と新聞に書きたてられたのをみて、恥ずかしい思いをしました」（毎日グラフ別冊「にっぽん女性一〇〇年」〔一九六六年〕一三七頁）

〈コツコツと〉

愛はこう語っている。

「(女が弁護士になったというので)新聞や雑誌の記事になりましたが、一人前の弁護士として扱われたかどうかはあやしいものです」(「月刊婦人展望」二四一号一四頁)

有馬忠三郎は、銀行や大きな会社の法律顧問だった。規模の大きな事件を扱っていた。しかし、愛に大きな事件を頼む客はいなかった。女性の弁護士への信頼がなかったからである。

愛は続けて言っている。

「その頃扱った事件の思い出としては、家督相続人排除の訴訟というのを何件もやった記憶があります。当時は旧民法のもとで『家』が人間よりも大切な時代でした。それで一人娘とか、娘ばかりの家の長女というのは、その家の家督相続人そして他家に嫁に行くことは出来ません。婿養子をとることになるのですが、小糠三合持ったら婿に行くな等といわれたように、よほどの金持ちでないと婿に来る相手はなかなかありません。……(中略)……そこで裁判でその娘をいわゆる廃嫡すれば他家に嫁にゆけるというわけです。そこで相続人排除という形式的な裁判をやるので、簡単なものですがこんな事件は物珍しい婦人弁護士にはちょうどよかったのかもしれません」(同誌同頁)

第六節 戦争

〈再び招集される〉

夫の知孝が、再び軍隊にとられた。夫婦と長男の三人で暮らし始めて、九カ月しかたたないときである。昭和一六年（一九四一年）の九月。愛が初めて法廷に立った月である。アメリカとの開戦の直前でもあった。

筆者 「愛先生は戦争について、どんなご意見でしたか」

知孝 「人間が武器で殺し合うなんて、ばかげたことだと言っていました。結婚する前にくれた手紙に『もし、あなたが戦死するようなことがあれば、私は一生を平和運動にささげる』と書いてありました」

〈満洲へ〉

知孝 「軍隊に入ったら、私はハルピンに行かされました。ハルピンは満洲の、ソビエト連邦に近いところです。

前の年（昭和一五年）、日本はドイツやイタリアと同盟を結びました（日独伊三国同盟）。そして、私が軍隊にとられた年（昭和一六年）の六月、ヒトラーはソビエト連邦と戦争を始めました。

九月に、私の部隊がハルピンにやられたのは、ソビエト連邦をにらむためです」

一二月になると、日本はハワイの真珠湾を奇襲した。アメリカを敵にして、太平洋戦争が始まった。

中国と戦っていたときには、日本軍はおよそ六三万人だった。アメリカとの戦争が始まると急に、二四〇万人になった。愛の夫も、兵の数を増やすため、とられたのである。

知孝「ハルピンはひどく寒いです。外の温度は零下三六度まで下がります。私はもともと体が弱い。愛は私が病気にならないかと心配して、しょっちゅう手紙をくれました。昭和一七年（一九四二年）の三月、私はとうとう、急性の肺炎になってしまいました。三九度から四〇度の熱が長く続き、軍医も見放したようでした。

やっと熱が下がりました。しかし、すぐには元気になりません。七カ月間、軍の病院に入院していました。

今、考えてみると、あのとき病気にならなかったら、戦死していましたね。同じ軍隊の仲間はハルピンから南方に運ばれました。彼らが乗った船はほとんどアメリカ軍に沈められたと、聞いています。途中の海でね。

私は肺炎になったために、命拾いをしました」

〈**帰還**〉

病み上がりの体で知孝は、昭和一七年（一九四二年）一〇月、軍隊から帰って来た。愛は、前の年の暮れに荻窪の沓掛町の借家に移っていた（図表1〔二二〇頁〕の③）。大岡山の借家は作りが悪く、住みにくかったからである。

知孝は以前からの勤め先である、日立製作所の本社に戻った。長男は、一歳四カ月になっていた。親子三人の暮らしが始まった。

間もなく、愛は二人目の子を身ごもった。昭和一八年（一九四三年）七月、女の子が生まれた。純子と名付ける。

〈**空襲**〉

知孝　「沓掛町の借家はね、『中島飛行機』の工場から一キロメートルしか離れていませんでした。『中島飛行機』は今のプリンス自動車（後に日産自動車と合併）です。当時は戦闘機を作っていました。アメリカの爆撃の的にされました。

昭和一九年（一九四四年）、戦争が終わりに近づくと私たちの家の側にも、どんどん爆弾が落ちてきました。道に大きな穴がいっぱいあきました。その穴を私たち近所の者が埋めさせられました。

敵機にねらわれる所にいたのでは、いつ死ぬか分かりません。私たち家族は借家を出て、私の両親の家に同居することにしました。高円寺にあります（図表1の④）。

終戦間近で、生活に必要な物が不足していました。運送屋は兵隊にとられたりして、営業していません。引越しは全部、自分たちでやらなければならないのです。高円寺に移るため、愛と私は、たんすや机などの家財道具を、荷車に積みました。三歳と一歳の二人の子供も荷車に乗せ、夫婦で引いて行きました。二時間くらいかかりましたかね」

〈**追い出し**〉

知孝　「親の家に移って、やれやれと思いました。ところが、三カ月後、急にこの家が壊されることになりました（昭和二〇年〔一九四五年〕三月）。政府の強制疎開の命令です。空襲による火事が広がるのを防ぐため、家がない地帯を帯のように作るというのでね。

『家を壊す』と言われて一〇日後には、もう出ていかなきゃならないんです。めちゃくちゃですよ。しかし、戦時中ですから、文句は言えません。

一〇日のうちに出て行く先を決め、荷物をまとめました。愛は、子供二人を連れて疎開しました。岡山県の津山です（図表1の⑤）。昭和二〇年四月。終戦の四カ月前でした。私は会社勤めがあるので、豊島区の弟の家に行きました。弟の家族も疎開していて、弟が独りでした。私は弟といっしょに、自炊しました。

私の両親は四国に疎開しました。皆が、離れ離れになりました」

〈野良仕事〉

筆者　「愛先生が疎開された先は、ご親戚ですか」

知孝　「いいえ。津山に親戚はありました。しかし、愛たちを受け入れる余裕はなかったのです。親戚の紹介で、見ず知らずの農家に世話になりました」

筆者　「愛先生は、苦労されたんでしょうね」

知孝　「ええ。疎開した人間は、向こうから見たら、やっかい者です。愛はずいぶん気を遣ったようです。慣れないのに野良仕事を手伝いました。子供もまだ四歳と二歳だったので、子供にも手がかかりました。愛は食べ物や着る物が悪くても、こたえなかったようです。むしろ疎開先に気がねして、精神的にまいっていましたね」

〈敗戦〉

愛が疎開して四カ月後に、終戦（昭和二〇〔一九四五年〕年八月）。

筆者　「戦争に負けたとき、愛先生はどう思われましたか」

知孝　「当然来るべきものが来たと思っていました。アメリカと戦争を始めたとき、『あんな強い国と何で戦うんだろう』と話しました。アメリカの実力を知らない日本の指導者が、情けなかったです」

愛と子供たちは一二月になって、東京に帰ってきた。

知孝「敗戦の頃は物もなく、汽車の切符だってすぐには手に入らないのです。愛たちが帰ってきても住む家がありません。私といっしょに弟の家に世話になりました（図表1の⑥）」

筆者「東京では、食べ物が少なかったでしょう」

知孝「はい。配給は少ししかありません。大豆の中に米が混じっているのが来ました。あとはヤミ市で買うしかないです。池袋駅の近くで、いもや野菜を買いました。東京にも農家がありました。愛はよく自転車で農家に行きました。物や着物を渡して、食べ物に換えました。

食べるのに苦労した時代です」

〈息子の死〉

愛が疎開先から帰ってちょうど一カ月後。長男の素彦が亡くなった。昭和二一年（一九四六年）一月一九日。四歳九カ月だった。

知孝「あちこちの医者に見せたのですが、何の病気か分からないまま、死にました。栄養も悪い頃でした。広い意味で戦争の犠牲者でしょうね。

亡くした子はよく思えるといいますが、本当にかわいい子でした。連れて電車に乗ると周りの人が、寄って来てあの子を見ました」

知孝はアルバムを開いて、筆者に素彦の写真を見せてくれた。二歳くらいのときだろうか。写真屋で撮った大きな写真である。目がぱっちりして、ぽっちゃりしている。「よそ行きの服」を着てあどけなく笑っている。何の憂いもない顔。

改めて夫婦の気持ちを思いやった。

〈生きるために〉

昭和二一年（一九四六年）の五月。弟の家族が東京に帰って来た。弟の家は二つの家族が住めるほど広くない。そのため愛たちは宮崎という親戚の家に間借りした（図表1の⑦）。東京都豊島区の目白にあった。

宮崎の家は、立派だった。コンクリート三階建て。当時は珍しかったセントラル・ヒーティングである。

知孝　「愛は毎日、有馬忠三郎先生の弁護士事務所に出ていました。しかし、戦争が終わったばかりで人々の生活は落ち着きません。弁護士の仕事は少なかったです。

愛は夕方、事務所から帰ると、ミシンを踏みました。人の洋服を縫ってお金を得るのです。また、レース編みや刺しゅうもしました。ビーズで袋も作りました。愛は手芸が得意だったのです。

また、銭湯をやっていた人が一時、仕事を休んでいたときがありました。愛はそこの広い風呂場を利用して、洗濯屋を始めました。
　半年間、GHQの通訳をしたこともあります。愛は津田塾の出なので、英語ができましたから」
長男を失った悲しみに耐えて、愛はくるくると働いた。生きるために――。

〈**再び追い出される**〉

三階建ての宮崎宅に引っ越して一年後のことである。昭和二二年（一九四七年）の五月。宮崎の家と土地がGHQに取り上げられた。GHQは幹部を住まわせるため、都内でめぼしい家を探していた。

知孝「日本は占領されていました。GHQの命令は絶対です。家と土地がただで取り上げられました。
　すぐ、オランダ人が入ったそうです」
筆者「目白を追い出されて、どこへ行かれたのですか」
知孝「GHQはすぐに出て行けと言いましたから。とりあえず、東京都の東久留米市にあった、私の会社の寮に入りました（図表1の⑧）。
　寮といっても、元は運動場の更衣室だった所です。二十数畳の部屋を三つに仕切って、三家族が住みました。プライバシーなんてありません。

二カ月後に、東京都練馬区の関町に、自宅を買いました(図表1の⑨)」

〈腰をすえる〉

翌年(昭和二三年)二月一八日、次女の知恵子が生まれた。子供は四歳の長女と赤ん坊の、二人になった。

やっと生活が落ち着く。夫の両親は、四国に疎開したままになっていた。昭和二四年(一九四九年)、両親を東京に呼んでいっしょに暮らし始めた。

昭和二六年(一九五一年)五月、高円寺に家を新築した(図表1の⑩)。

知孝「新築した家の敷地は昭和二〇年まで、両親の家があった所です。政府によって家が壊されたのです。そのため強制疎開で、愛は岡山に、両親は四国に行っていたわけです。

高円寺の土地は、まだ両親のものでしたから。住宅金融公庫でお金を借りて、家を建てました。

それからはずっと、高円寺に住んでいます」

昭和一三年から、一三年間で九回の引越しをしたあと、やっと高円寺に腰をすえた(図表1を参照)。

図表1　久米愛が住んだ家

番号	昭和年月	所在地	移り住んだ理由
①	一三年七月	杉並区高円寺（知孝の両親宅）	司法科試験が終わり一区切りつく。知孝が軍隊に入り不在であった。
②	一五年一二月	目黒区大岡山	知孝が軍隊より戻る。
③	一六年一二月	杉並区沓掛町	②の家の作りが悪く、住みにくかった。
④	一九年一二月	杉並区高円寺（①と同じ）	③が飛行機工場に近く、爆撃される危険性が高かった。
⑤	二〇年四月	岡山県津山市（疎開先）	政府の強制疎開の命令で、④の家が壊される。
⑥	二〇年一二月	豊島区要町（知孝の弟宅）	終戦で疎開先から帰る。
⑦	二一年五月	豊島区目白（親戚宅）	⑥の弟の家族が疎開先から帰る。
⑧	二三年五月	東久留米市（知孝の会社の寮）	⑦の家がＧＨＱに取り上げられる。
⑨	二三年七月	練馬区関町	自宅を購入する。
⑩	二六年五月	杉並区高円寺	①の知孝の両親の家があった土地に、家を新築。

第七節　焼け跡からの動き

〈アメリカへ〉

昭和二五年（一九五〇年）、愛は「婦人使節団」の一人として、アメリカに渡った。二月四日から六月八日までの約四カ月間である。

「婦人使節団」とは、GHQの招きでアメリカを見学した女性たちである。当時、アメリカは日本を占領していた。しかし、いつまでも占領を続けることはできない。アメリカは日本を「民主主義の国」として独立させる準備を始めた。戦前のファシズムを復活させないためである。GHQは日本の各界の代表者に、アメリカを見学させた。「民主主義を勉強させる」という目的だった。

昭和二五年二月四日、次の六五人が横浜から船で出発した。

○女性から、久米愛ら一〇人
○法律家から、最高裁判所の栗山茂判事ら
○教育者から、京都大学の鳥養為利三郎総長ら
○放送界の者
○保健衛生の関係者

ことに女性の代表は注目を集めた。新聞や雑誌に写真入りの記事が載せられた。女性のメンバー一〇人は次のとおり。団長は赤松常子である。

一、　赤松常子　　参議院議員
二、　江上フジ　　日本放送協会の婦人課長
三、　後藤俊　　民主自由党の婦人部次長
四、　久米愛　　弁護士
五、　丸沢千代子　　国鉄労組の婦人部長
六、　野村かつ　　日本生活共同組合の委員
七、　大森松代　　農林省の生活改善課長
八、　谷野せつ　　労働省婦人少年局婦人労働課長
九、　富田展子　　労働省婦人少年局婦人労働課
一〇、　戸叶里子　　衆議院議員

〈交流〉

一〇人の女性は、ニューヨーク、サンフランシスコやワシントンなどを広く見学した。アメリカの女性法律家や新聞記者などと交流した。

前大統領のフランクリン・ルーズベルトの、夫人（エレノア・ルーズベルト）にも会った。久米

愛は彼女の印象を語る。

「質素なグレーのウールのワンピースを着た夫人の皮膚の美しさ、微笑の明るさ……（中略）……。首には真珠の首飾りが、手にはダイヤの指輪が光っていましたがそれはいかにも清潔な感じでした。

夫人は名門の出にもかかわらず、生活は簡素で有名だということです、夫人の声は人間への深い愛情と平和に対するあつい願いとにみち、その美しい言葉は教養の高さを物語っていました。

夫人は戦争を防ぐためには世界の女性が力をあわせなければならないと力説しました」（読売新聞、昭和二五年三月二一日付朝刊四頁）

また、愛はいう。

「アメリカではどの方面でも、婦人が男性に劣らず社会的に活動していることは、最も心強いことだと思います」（毎日新聞東京版、昭和二五年三月九日付朝刊二頁のインタビュー）

愛は四カ月のうちに視野を広げ、一まわり大きくなって帰って来た。「アメリカのように、日本でも女性の地位を上げよう。私は女性のために働く」という決意を深めて。

〈女性法律家の集まり〉

日本が戦後の混乱から脱け出し、愛の生活も落ち着いた。愛がアメリカから帰って三カ月後。昭和二五年九月に「日本婦人法律家協会」（現在の「日本女性法律家協会」）を作った。女性の法律家の集まりである。

現在も裁判官をしている野田愛子は語る（平成二二年〔二〇一〇年〕六月一九日逝去）。

「当時GHQの法務部にイースタリング女史というアメリカの婦人弁護士がおられまして、（イースタリング女史が、）当時活躍しておられた久米さん、和田（三淵）さん、渡辺道子さんなど日本の婦人法曹全員にアメリカにこういう婦人法律家の会があるが、日本でもつくったらどうかと声をかけて下さったのです。（女史は）ご自分でティーパーティーなどして第一回の会合をもつようにして下さいました。それまで日本の婦人法律家達は個人的には改正民法や家庭裁判所の啓蒙活動のため、それぞれ幅広い活動をしていましたが、婦人法律家の会をつくるという共通の目的で、一堂に会したのは初めてだったと思います。皆、女史のおすすめは大変結構だということで、……（中略）……女史のお世話で、当時ベーツ女史が会長をしており、本部はアメリカにある国際婦人法律家協会に加盟するということになりました」（「婦人法律家協会会報」一九号一八頁）

〈オリジナルメンバー〉

日本婦人法律家協会（以下、「協会」という）ができたとき、全国で法曹の資格をもつ女性は次のとおりだった。

裁判官　三人
検察官　二人
弁護士　一〇人
（合計一五人）

協会を作った女性たちは一一人。行政官や学者も含んでいた。
（裁判官三人）和田嘉子（後に三淵）、石渡満子、野田愛子
（検察官一人）門上千恵子
（弁護士二人）久米愛、渡辺道子
（法務省）西塚静子、渡辺美恵（戦前、高等試験「行政科」の試験をパスした唯一の女性）
（法律学者）立石芳枝、人見康子
（アメリカの弁護士）ヘレン・ラバード

〈会長の座〉

協会の会長に愛が選ばれた。副会長は和田（三淵）嘉子。愛は以後、死ぬまでの二六年間ずっと会長の座にあった。協会の要だった。

〈規約〉

東大の民事訴訟法の教授だった兼子一は、協会の理解者だった。愛や嘉子の母校である「明治大学専門部女子部」に教えに来てくれたこともある。

協会の規約を作るための女性の集まりに、兼子は毎回、顔を出して助言した。

野田愛子は思い出す。

「(規約を作るために)元の最高裁図書館の下の食堂などでよく集まりましたね。何しろ人数が少ないから電話一つで集まってくるという親密な雰囲気でしたね。心情的には肩寄せ合って励まし合い、また当時の社会的背景もあり、大いに男女の平等実現に頑張ろうというのが共通の意識だったように思います」(「婦人法律家協会会報」一九号一九頁)

〈国際会議〉

愛が会長だった日本婦人法律家協会。協会を作った翌年、日本で「国際婦人法律家会議」を開いた。昭和二六年の夏である。

アメリカをはじめ、多くの国の女性法律家が、東京に来た。日本婦人法律家協会の会員は、外国の女性たちを日光に案内した。最高裁判所長官の公邸で、パーティーも開いた。また、日比谷公会堂で、外国と日本の女性による講演会を開催した。広い公会堂は、聴衆でいっぱいになった。

講演を聴きに行った横尾邦子は言う。現在は、弁護士になっている。

「昭和二七年（一九五二年）……（中略）……。私は……（中略）……家庭のに従って大学も行かず、家庭にあって家事やおけいごとにはげんでいました。婦人法律家協会の名もその時初めて知り、どんなにいかめしいおばさまの集まりなのかと、大変興味をそそられて出かけて行ったように覚えています。

……（中略）……講演の内容などは何一つ覚えていません。

ただ、アメリカの大学教授の講演があったことと、その講演の通訳をなさった会員の通訳ぶりが実に見事だったので、その教授が講演の最後でお褒めになると、講堂の聴衆から一斉に拍手がおこったことが印象に残っています。

それから何年か後に、司法試験は大学を出ていなくても、独学で受けられることを、新聞で知って受けてみようかという気をおこした時に、あの日、日比谷公会堂での講演会の光景が記憶によみがえって、大いに私をはげましてくれたことは申すまでもありません」（「婦人法律家協会会報」一二号一五頁）

〈**裏方**〉

昭和二七年、外国の女性との交流は成功した。中心となっておぜん立てをしたのは久米愛（日本婦人法律家協会の会長）と三淵嘉子（副会長）。二人は目が回るような忙しさだった。

〈**期待**〉

野田愛子は、協会ができた昭和二五年について言う。

「戦後の解放に続いた憑かれたような一時期、日本という動じないよどんだ古い社会の表面で一種の民主化の狂熱にひきずられ、その勢いに乗って何でもできた時期」と(同会報一九号八三頁)。しかし、次に反動の時代が来た。昭和二九年(一九五四年)頃である。弁護士の渡辺道子は語る。「占領が終わって保守勢力が盛り返してくるにつれ、GHQの後押しで各方面の相当重要なポストに就いていた女性たちは押し返され、その後任は男子に占められるようになった……(中略)……。

そんな風潮のなかで、女性たちは自分の力だけで、その地位の向上を闘いとっていかなければならないことになった。これからが本当の闘いだと思ったとき、婦人法律家協会の存在に期待をかけずにいられなかった。その当時、会員はまだ三〇名くらいだっただろうか。『仲間がせめて五〇人になったら社会にもの申せる一つの勢力になれる』とは、私の切実な思いだった」(同会報一九号一〇頁)

昭和三七年(一九六二年)、協会の会員は一〇〇人を超えた。協会ができた一二年後である。

昭和四九年(一九七四年)、会員は三七〇人になった。発足して二四年後である。

平成元年(一九八九年)、会員は六二〇人に達している。三六年間の成果である。

令和五年(二〇二三年)現在、会員は八〇〇人になっている。

〈**存在意義**〉

筆者も、日本女性法律家協会の会員である。何のために、多くの女性が集まるのか。

協会の性格について、渡辺道子の意見。

「ある程度の政治活動ということになりますと、裁判官とか検察官とか、在官者は政治活動をすることは絶対にできませんので、在官者を含めた会である以上、（協会が政治活動をすることは）絶対に無理ではないかというふうに考えます……（中略）……お互いに一生懸命努力して、時にはくたびれた時に顔馴染みの者が集まって、『頑張りましょう』と肩を叩いて、励まし合う会でいいんじゃないかと思いますが……（中略）……。」（同会報一九号二六頁）

協会の集まりには出席しなくとも、会報で励まされた人も多い。検事だった山崎恵美子はいう。現在は弁護士をやっている。

「年を経るに従って、通常の家庭のあるべき姿を描き、これに羨望して時に被害者意識をつのらせているらしい配偶者との問題等に、壁は何時になっても目の届くところに突っ立っている。心身ともに疲れてくると現状維持に迷いが生じた。

そんなとき、協会から寄せられた会の活動状況や、会員からの近況報告は、私の孤立感をゆるめ、ほぐしてくれた。数人の子女を持つ会員の近況報告や、堂々と専門分野を開拓し、研究されている会員の活動ぶりは、たった一人の子供と一人の連れ合いに振り回されて、その日暮らしでいる私に、十分な刺激となった。……（中略）……あるときには私一人が悩んでいるわけではないと、顔も知らない方と傷口をなめ合うような連帯感を生じさせ、あるときには、何とかその高みに追いつきたいという意欲を湧き立たせてくれた」（同会報一九号一三頁）

若菜允子の考え。

「私も親睦ということは、会の存在意義の一つであると思いますが、そのほかに婦人法曹が活躍の場を拡げるにあたって、会が社会的プレッシャーになることにも、その存在意義があると思います。例えば、女性の弁護士の実態を広く社会に紹介して、女性弁護士に対する正しい認識をもってもらうように努力するとか、国や地方公共団体の各種委員会に、多くの女性弁護士を送り込み、その能力を広く役立てるためのパイプになる」（同会報一九号二四頁）

〈政治活動〉

協会は、一般の政治活動はしない。会員の中には活発に動けないことに不満を持ち、協会に見切りをつけた人もいる。

しかし、協会が息長く、多くの女性を集めている秘密は、「親睦団体という姿勢をくずさないこと」だと、筆者は思う。政治活動に走れば、必ずついて来ない人が増える。

〈抗議〉

しかし、最高裁判所が「女性をあまり裁判官に採用したくない」という態度をとったときには、協会の名前で抗議文を出した(昭和三三年〔一九五八年〕、昭和四五年〔一九七〇年〕など)。また、久米や三淵などの代表者が、最高裁判所の人事担当者と会って、女性を採らない理由を問い詰めている。

また、表立った抗議と別に、最高裁判所の長官や検察庁の関係者と昼食会を持っている。なごやかに食事をしながら、「女性の実力は、実力のとおりに評価していただけますよね」と、くぎをさすためである。

〈政府へ〉

国の委員会に、協会が女性の弁護士を紹介している。

例えば、

○労働省の男女平等問題専門家会議
○総理府の婦人問題企画推進会議
○法務省の身分法小委員会

などである。

〈国連へ〉

協会は「国際婦人法律家協会」(International Federation of Women Lawyers)に加盟している。

「国際婦人法律家協会」は、国際連合の非政府団体（NGO）に登録している。

そのため、「日本婦人法律家協会」（現在の「日本女性法律家協会」）も、国連のいろいろな会議にオブザーバーを送ることができる。

愛は、NGOの委員会にアドバイザーとして出席したことがある。また、愛は日本の政府の代表として、国連の総会の第三委員会にも出席した。

第八節　妻として、母として

〈妻の顔、母の顔〉

女性法律家のトップとして、注目を浴びていた、愛。彼女の家庭はどのようであったのか。夫の両親と同居し、家事手伝いを雇っていたと聞いている。義母とのいさかいはなかったか。子供は寂しい思いをしなかったか。

妻として、母としての愛の姿を浮き彫りにしたい。昭和六一年（一九八六年）、筆者は愛の長女と会った。

〈娘〉

溝口純子。昭和一八年生まれで、当時四三歳。夫は学習院大学の理学部の教授で、物理学を専攻している。一五歳の双子の男の子がいる。

純子は、臨床心理の仕事をしている。慶應義塾大学で心理学を勉強した。今も、週に何度か保健所や病院（精神科）に行く。面接や、心理検査をする。

純子は明るい。はっきりしたまゆが、写真で見た愛に似ている。少し早口。「愛先生もちょうどこんな感じだったのかな」と思う。

純子と会ったとき、父の知孝も同席してくれた。愛の夫である。筆者が知孝と会うのは二度目である。

〈信頼〉

愛について、三淵嘉子はこう語っている。

「(久米さんは) 知孝さんのご両親に対しても、舅姑と嫁という義理にからまった人間関係でなく、心の通い合った人間同志として、最後までそのお世話をなさったことは、日頃人々の間の紛争を扱っている私にとっては、拝見していて胸の透くような思いでした」(「婦人法律家協会会報」一六号三頁)

知孝の母である慶子 (当時五八歳) の話も新聞に載っている。

「愛子《ママ》はほんとに朗らかな子で、私には可愛い嫁です、才能を伸ばせるものなら伸ばしてやりたい気持ちから細かい家事に心を遣わず目的に専念するよう言っているのですが、やっぱり私の手伝いをしたがる孝行者で可哀そうなくらいでした。——法律的に恵まれない女の方達の味方になりたいという嫁の意見で私も結構だと喜んでます」(東京朝日新聞、昭和一三年一一月二日付夕刊二頁)

しかし、筆者は信じなかった。「嫁と義母がいっしょに住んで、うまくいくのだろうか。外からは見えなくても、きっと争いがあったに違いない」と思った。

夫と娘から本音を聞きたい。筆者は二人に尋ねた。

筆者「愛先生とお母様に、トラブルはなかったですか」
知孝「いいえ」
知孝も純子も、それを否定した。
筆者「口に出さなかっただけで、お互い、不満はあったのではないですか？」
筆者はなおも聞いた。
純子「いいえ。祖母の慶子は、母をとても信頼していました。母も祖母に安心して家を任せていました。お互いに不満はなかったようです」

〈**義母**〉
筆者「嫁と義母はうまくいかないこともありますよね。なぜ、うまくいったのですか」
知孝「世間で嫁と義母がうまくいかないのは、義母が、嫁の言葉遣いが悪いとか、家事のやり方が家風に合わないとか、細かいことを言うからだと思います。
慶子はつまらないことは気にしませんでした。愛を自分の本当の娘のように可愛がっていました」
筆者「そうですか」
知孝「親の自慢をするようですが、慶子も若い頃はよく勉強したらしいです。
母は明治一三年（一八八〇年）、兵庫県で生まれました。女学校へ行く人すら少なかった時代ですが、母は大阪の『梅花女学院』という女学校へ行きました。そして、さらに『梅花学園』という専門学校に進みました」

純子「祖母は『着るものを買ってくれなくてもいいから、学校に行かせてくれ』と親に頼んだと、聞いています。

祖母は専業主婦で通しましたが、本当は母の愛のように、祖母自身が活動したかったのです。嫁が外で働くことを肯定していましたね。

また、慶子の子供は四人とも男ばかりでした。実の娘がいなかったので、嫁を頼りにした面もあるでしょうね」

筆者「慶子さんは、どんなご性格でしたか」

知孝「さっぱりしていました。また、優しかったです。子供のころ、私は随分わがままでしたが、母に怒られた記憶がほとんどありません」

筆者「愛先生にとって、慶子さんはどんな存在でしたか」

純子「外から帰るまで、子供の世話を祖母にやってもらえます。愛にとって、同居はメリットが大きかったです。女中さんが、食事の準備や掃除・洗濯はやっていましたから、母は外に出ても、祖母にあまり気がねではなかったようです。

母は祖母にお金を渡して、家計の一切を任せていました。祖母は家計簿をつけて、月に一度、母に見せます。しかし、母はさっと見るだけで、何も文句はつけません。

祖母にとっても、子供の世話や家計を任せられるのは、楽しみでした」

知孝「愛もこんなもの分かりのいい義母はめったにいないとほめていました。彼女は母に対して、細かいことは言いませんでした。愛は大事なことと、どうでもいいことをはっきり分けていました。細かいことを言って、気まずくなるのは避けました。

私との関係でも同じです。花を買うのでも、最初、愛はよく赤い花を買っていました。私は『白い花が好きだ』と言いました。彼女は次から白を買うようになり、『私も白が好きになりました』と言いました。

また、愛が『このお皿を買いましょう』と言ったとき、私が『いや、これは嫌いだ』と答えたことがあります。彼女は、すぐにその皿を買うのをやめました」

〈義父〉

筆者「義父の甚太さんは、嫁が働くことに反対されませんでしたか」

知孝「いいえ。女性が仕事を持つのはいいことだと思っていました」

筆者「明治生まれの男性には、珍しいですね。どんな方だったのですか」

知孝「甚太は明治九年（一八七六年）生まれです。香川県の高松の出身。旧制三高から京都帝国大学に入りました。機械工学を勉強し、鉄道省の役人になりました。

私が、中学生の頃です。当時の新聞に役人の人事異動の記事が載ってました。そこに、父の名前がありました。『恩賜の銀時計組』と書いてありました。京都帝国大学での成績が一番なので、天皇陛下から銀時計をいただいたという意味です。私は父が銀時計をもらっていたことを、新聞で初めて知りました。自分の自慢をする人ではありませんでしたから。

父は役人といっても、技術屋です。きちょうめんで、気難しい。口数も少なかったです。しかし、愛が嫁に来てからは、父もよく家族と話をするようになり、明るくなりました。愛が明るかったですから」

〈働く母の姿〉

筆者　「子供の頃、お母様が外で働くのは嫌だと思われたことはないですか」

純子　「たまには寂しいと思うこともありました。しかし、母は夕方、できるだけ早く帰って来ました。祖母がやることに文句はつけませんでしたが、母自身、家に帰ってから、家族のためにいろいろなことをやりました。

仕事が早くて、テキパキやっちゃうのです。家族とおしゃべりをしながら、手を動かしています。毛糸編み、レース編み、服を縫う。また、仕事で川崎あたりに出かけるときは、電車の中でも編み物をしました。

妹や私は、スカートが長ければ丈を上げてもらいました。ボタンがとれてもすぐに母に頼みました。言えば、何でもしてくれます。夜、頼んだことは翌朝、必ずできていました。
　母の話はおもしろかったです。小説・映画のこともよく話し合いました。博学で私にとっては生き字引のような存在でもありました」

筆者　「鍛治千鶴子先生が、『愛先生のお嬢様たちは、ママが大好きでしたよ』と、おっしゃっていました」

純子　「ええ。母は、『母親にとって大事なのは子供といっしょにいる時間が長いことではない。触れ合いの濃密度だ』と威張ってました」

〈祖母の顔〉

純子　「私は昭和四六年（一九七一年）に、双子の男の子を生みました。びっくりしたのは母がすごく赤ん坊の世話をやくことね。
　母は、弁護士事務所の仕事が終わると、よく、うちに電話してきました。ときには『今から行ってもいいかしら』と言ってやって来ました。おもちゃを買って来たり、遊んでやったり、おむつを替えたり。ほんとに小まめに相手をするのです。私も小さい頃、こんな風に面倒を見てもらったんだろうなと、思いましたね。
　母はいつも孫の写真を持って歩いていました。ある日、母がデパートで子供の服を買ったとき、写真を売り子さんに見せたんですって。そしたら『かわいいって言ってくれたわよ』と母はとても喜んでいました。主人と私は『ばかじゃないかしら。デパートの人は物を買ってもらうんだから、かわいいって言うに決まってるじゃないの』とあきれました。
とにかく、人間が好きで、特に身内を溺愛しましたね」

〈セロリとケーキ〉

純子「母は料理も好きでね。ふだんは、お手伝いさんが食事を作りましたが……。妹や私の誕生日とか、クリスマスには母がごちそうを作りました。学校の友達を家に呼んでくれたものです。母は昭和二五年に、婦人使節団で、アメリカに行っています。GHQから招かれて。アメリカでいろいろな料理を覚えて来ました。鶏の丸焼きとか、セロリを使った料理とか。昭和三〇年（一九五五年）頃、日本ではまだセロリを使う人はあまりいませんでした。ケーキも自分で焼きました」

筆者「たいしたものですね」

知孝「私の会社の仕事仲間も、年の暮れにはいつも、一五人くらい家に来ます。そのときの料理も、愛が作りました。
今でも、当時、遊びに来た人から言われますよ。『奥さんの料理はおいしかったですね。最先端の料理で、生まれて初めて食べるものばかりでした』って」

筆者「作る方の愛先生は、大変だったでしょう」

知孝「負担だとは思ってなかったですね。人を楽しませるのが好きでしたから。喜んでやっていました」

〈引きずられる〉

筆者「家のことをなさりながら、よく、立派なお仕事ができましたね」

純子「ええ。でも家族のために尽くしたということは、家族に引きずられたということです。男の人のように、家のことを考えなくてよければ、もっと仕事をやれたはずです。母としては、思う存分やりたくても、やれない仕事が多かったと思いますよ」

〈母の教え〉

長女の純子とは別の機会に、次女の知恵子と会った（当時三八歳、昭和二三年生まれ）。夫は銀行に勤めている。知恵子は主婦。夫の転勤先でピアノを教えることもある。

筆者「愛先生は、学校の保護者会には出席されましたか」

知恵子「授業を見るだけのときは、祖母が来ました。進学の相談もあるときは、母が出てくれました」

筆者「お母様が働いておられたために、寂しい思いはなさらなかったですか」

知恵子「いいえ。ふだん、昼は祖母がいますし、夜は母も帰って来ます。

母は国連の会議でニューヨークに行くと、何カ月か帰りませんでしたけど」

筆者「ニューヨークに行ってらっしゃるときは、寂しかったですか」

知恵子「私が小・中学生の頃は大変寂しい思いをしました。何かと理由をつけ、どうしても行かないでほしいと頼んだこともあります。父も祖母も長期のアメリカ滞在には賛成しませんでした。母もいつも気持ちよく、出かけていたわけではありません。そういう意味で、私たち家族は決していつも母のよき理解者ではありませんでした。このほかにも、母の足を引っぱったことがいろいろあったと思います。

しかし、私は母の仕事にかける意気込みと、アメリカで仕事をする楽しさを知ってからは変わりました。母の不在の寂しさより、応援したい気持ちが強くなりました。でもその頃の母は体力的に二カ月間のアメリカでの仕事が難しくなっていたようです」

筆者「自分も、お母様のように、弁護士になりたいと思われましたか」

知恵子「これは能力の問題です。母をとても尊敬しておりました。私にもその方面の能力があれば当然、母のあとを継いだでしょう」

筆者「愛先生はお子様の進学や職業について、何かアドバイスをされましたか」

知恵子「これをしなさい、あれをしなさい、ということは申しませんでした。しかし、母は『一番自分に向いたことを早く見つけなさい。そして、一生の職業とし、経済的にも精神的にも自立した生活を送らなくてはならない』と私が小さな頃から常に申しておりました。

ですから、姉が心理学をやり始めたときも、私が国立音大からアメリカのジュリアード音楽院に進むと言ったときも、母は奨励してくれました」

第九節　国連の仕事

〈海外へ〉

愛は外国へ行くことが多かった（図表2〈二四九頁〉参照）。

〈ひのき舞台〉

昭和三五年（一九六〇年）、国連の総会の第三委員会。世界人権規約の草案を審議した（図表2の④）。

久米愛は日本政府の代表の代理だった。

「公平な裁判を受ける権利」の項に、日本政府は「一事不再理の原則」を入れることを提案した。久米が提案理由を説明した。「一事不再理の原則」とは、一度、有罪または無罪の判決を受けた者は、同じ事件で再び起訴されないという原則である。

いくつかの国では、革命があったり、政府が変わったとき、政敵に対して、「一事不再理の原則」を保障しなかったことがある。

インドのカルカッタにて（昭和30年、愛は44歳）。アジア法律家会議に出席。左が久米愛、右が鍛冶千鶴子。

また、西ドイツでは、旧ナチスの戦犯について、「一事不再理の原則」を認めない。国際軍事裁判を受け、刑を終わった戦犯も、同じ罪で西ドイツの裁判所に起訴されている。

日本の提案に対し、約一週間、賛成と反対の激しい議論がなされた。結局、日本の案は、修正の上、可決された。

愛は、日本の代表の代理として、各国からの質問に答えた。愛はずっと、議論の渦の真ん中にいたのである——。

〈宗教問題〉

昭和四二年(一九六七年)、国連総会の第三委員会。宗教への不寛容をなくすための条約を話し合った(図表2の⑦)。

愛は、審議の感想をこう述べている。

「どうも西欧諸国等と日本人は宗教について全く違った観念を持っているようで、すっきりと彼等の態度を理解することは出来ません。

他方、共産圏諸国やアジア・アフリカ諸国では、西欧諸国が過去に宗教を帝国主義拡張の手段に使ったという意識が強く……(中略)……。

その上、今年は第三委員会も中東動乱の余波をうけて、アラブ諸国とイスラエルが、名を宗教に借りて議場ではげしくやりあうので、全くいつになったら条約そのものの逐条審議に入れるか分か

日本婦人法律家協会のメンバーと（昭和44年、愛は58歳）
左から、三淵嘉子、久米愛、西塚静子、野田愛子、立石芳枝。

らない有様です」（「月刊婦人展望」一五七号一六頁）

続けて、愛はこう言う。

「宗教の問題が終わると戦争犯罪人の処罰に関する問題を審議しますが、これは純粋な法律問題として興味があることなので、大いにやりたいと思っています。

しかし、これは第二次世界大戦の戦犯まで含むという途方もないものなのですが、敗戦国として日本は微妙な立場にあるので、相当本省の訓令にしばられるだろうと思います」（同誌同頁）

〈コーランの国〉

昭和四三年（一九六八年）。国連はこの年を世界人権年とした。イランの首都のテヘランで、国際人権会議が開かれた。八四カ国が参加した。

久米愛も日本の代表の一人として、イランに行った。彼女は会議の感想をこう述べる。

「パワー・ポリティックス（力の政治）と経済的利益だけが支配する今日の世界情勢のなかで、国際的人権問題も政治問題以外の何ものでもないことを痛感した」（「婦人法律家協会会報」一〇号三頁）

愛のイランに対する印象。

「（イランは回教国であり）コーランが政治、法律、社会生活を縛っている。宗教はイランの社会に致命的な後進性を与えている。ヨーロッパで教育を受けた現皇帝はイランの近代化に意欲を燃やしている……（中略）……。

回教国の常として婦人の地位の低いことはご多聞にもれない。着いた早々『久米さん怒っちゃいけませんよ。この国では女は人間じゃありませんね』とある日本人に言われた……（中略）……。

夕陽落ちんとする広漠な砂漠の道を、黒いチャードーを頭の先から足の先まですっぽり覆って、ゆるりゆるりと歩いて行く女の姿は、過去千年来、宇宙時代とも人権とも何の関係もなく同じ生活を今も繰り返している回教国の女の宿命を感じさせる」（同会報同頁）

〈後ろ髪を引かれながら〉

愛はいろいろな国際会議で視野を広めた。たくましくもなった。

長女の純子は言う。

「母は外務省の人から言われたことがあるのですよ。『やってほしい仕事はいろいろある。もっと長く、国連にいてくれないか』って。母も、国連が面白かった。もっと、やりたかったに違いありません。

しかし、家を長く留守にするわけにはいかない。母は、外務省の人の申し出を断りました」

図表2　久米愛が訪れた国

年	期間	行き先	目的
①昭和三〇年(一九五五年)	一四日間	インドのカルカッタ	アジア法律家会議
②昭和三一年(一九五六年)	七一日間	アメリカ	ハーバード大学のセミナー
③昭和三四年(一九五九年)	四九日間	同右	国連NGO委員会(アドバイザーとして)
④昭和三五年(一九六〇年)	約二カ月間	同右	国連総会の第三委員会(日本政府の代表の代理として)「一事不再理の原則」を提案
⑤昭和三八年(一九六三年)	八五日間	同右	国連総会の第三委員会(日本政府の代表の代理として)
⑥昭和四一年(一九六六年)	六七日間	同右	同右
⑦昭和四二年(一九六七年)	約二カ月間	同右	同右　宗教への不寛容をなくすための条約の話し合い
⑧昭和四三年(一九六八年)	二四日間	イランのテヘラン	国連の国際人権委員会(日本政府の代表として)
⑨昭和四四年(一九六九年)	六九日間	アメリカ	国連総会(日本政府の代表として)

第一〇節　弁護士の仕事

〈事務所〉

愛は昭和一五年（一九四〇年）、弁護士になるとすぐ、有馬忠三郎の弁護士事務所に入った。東京丸の内の「丸ビル」にあった。有馬が亡くなったあと、同じ事務所にいたほかの弁護士と、事務所を継いだ。

一緒に継いだのは、毛受信雄と各務勇である。「毛受・各務・久米法律事務所」と称した。三人のほか、若い弁護士が数人いた。

〈損な役〉

愛の長女の純子は言う。

純子　「亡くなった有馬先生は、大きな会社や銀行の顧問弁護士でした。毛受先生、各務先生も大先生で、顧問等が主な仕事だったようです。もちろん、母も銀行や会社の顧問もいくつかはしていましたが、事務所に依頼のある小さい事件の多くは、母とそのほかの人で引き受けることになったようです。

それから、母は事務をテキパキと処理する能力がありました。法律事務所の雑事を一手に引き受けさせられていました。例えば、事務員が辞めると、代わりの人を探したり。経費の会計も、全て任せられていました」

筆者「愛先生は、細かい事件だけではつまらなかったでしょうね」

純子「不満もあったと思います。しかし、自分の仕事です。やる以上は一生懸命、やりました。たとえば医療関係の事件のときは、それに関する医学書を読みあさっていました。また、毛受先生、各務先生の仕事に英語が必要な場合、母はとても重宝がられていました」

〈身は一つ〉

筆者「国連に行かれる期間は、弁護士の仕事にマイナスでしたね」

純子「はい。三カ月も事務所を留守にしたあとは、ものすごく仕事が忙しかったようです。毛受先生、各務先生には、仕事の細かい部分をやってくれる弟子のような弁護士が事務所の中にいました。しかし、母にはこのような人はつきませんでした。両先生が母よりずっと大先生だからです。国連に参加するとか病気の間は、仕事はストップ状態になっていました。ですから、国連の仕事も弁護士の仕事も好きとはいえ、母は『二足のわらじは、はけないものね』と嘆いていたこともあります」

筆者「しかも、国連と弁護士の仕事だけでなく、愛先生には家庭もあったわけですね」

純子「はい。家庭にもかなりの時間をさきました。家族とよく話をしました。また日曜日の朝は早く起きて、自分でトイレと台所を掃除するのです。『部屋はともかく、トイレと台所はいつもきれいにしておかないと』と言ってね。私は日曜くらい、ゆっくり寝てればよいと思ったんですけど」

〈そっくり〉

純子の話を聞いているところへ、愛の夫の知孝が数冊の本を、重そうに抱えて来た。そして、筆者に言った。

知孝「あなたは、神谷美恵子の本を読まれますか」

筆者「いいえ」

知孝「神谷美恵子の本を見ると、愛と実によく似ています」

筆者「神谷美恵子はどんな人ですか」

知孝「愛と同じ津田塾の出身です。らい病（ハンセン病のこと）の患者に尽くすため、医者になりました。語学もよくできて、ラテン語やフランス語の本を原書で読んでいました。愛も、神谷を尊敬していました」

知孝は持って来た本の一冊を取り上げた。『神谷美恵子著作集』の九巻目である。

そして、神谷美恵子の夫が、美恵子について書いている部分を筆者に示した。

知孝「愛とそっくりなんですよ」

〈「**オニ**」**をかかえて**〉

本を手に取って読むと、こう書いてある。

「彼女は一般的な意味で有能、誠実な妻であり、母であった。しかし彼女の心の奥にはそれとは別に、自分のしたいこと、自分に課せられていると感じることがたくさんあった。それを駆り立てる内発的な力を、彼女は自分で『オニ』と呼んだ。一匹だけのオニならまだしも、彼女の頭の中にはオニが何匹もいるのだという。たくさんのオニをかかえ、自分でもそれらをもて余しかねない危険な女という意味であろうか、自分のことを『ジャジャ馬』であるとも言っていた。しかし、戦後の厳しい生活の中で、自分のうちなるオニが窒息しそうになっても、彼女はいつも夫を助け家庭を守ることを優先させた。

事情をよく知らない人は、彼女が比較的恵まれた境遇で、自分の才能を思う存分のばしたと思うかもしれない。しかしそれは事実ではない。……（中略）……彼女が決して自分の好きなこと、したいことだけをして生きて来たのではない」（神谷宣郎「『あとがき』にかえて」『神谷美恵子著作集九』〈みすず書房、一九八〇年〉二八五頁以下）

第一一節　最高裁の判事に推される

〈候補者に〉

愛は、日本で初めて、女性で最高裁判所の判事の候補になった。昭和五一年（一九七六年）二月六日である。平成二年（一九九〇年）の現在まで、ほかに女性の候補者はいない。※10

最高裁の判事は内閣が任命する（憲法七九条一項）。裁判官、検事、弁護士や学識経験者から選ぶ。弁護士からなった最高裁の判事が定年で辞めると、後任は弁護士の出身者がなるのが慣例である。

候補者は日本弁護士連合会（日弁連）が推薦する。一人しか推薦しないと、内閣の選ぶ自由がなくなるので、二人、推すこと

女性法律家の集まり（昭和50年、愛は64歳）。前列左から、三淵嘉子、久米愛、立石芳枝。後列の中央が、鍛冶千鶴子。

になっている。

昭和五一年、坂本吉勝が、最高裁の判事を定年で辞めることになった。弁護士の出身である。日弁連は環昌一と愛を、後任に推した。環は当時六三歳。昭和一一年（一九三六年）に東京大学を卒業した。当初、裁判官をやり、戦後、弁護士になった。愛は当時、六四歳。

結果として、環が任命された。

※10　その後、平成六年（一九九四年）から令和五年（二〇二三年）までに八名の女性最高裁判事が誕生している。

〈マスコミ〉

愛が判事の候補になったことは、多くの新聞が取り上げた。

朝日新聞の見出し――「最高裁判事　初の婦人候補　〝草分け〟一弁所属の久米さん」（朝日新聞、昭和五一年二月六日付夕刊一〇頁）。環と愛の写真も載っている。

〈あこがれの人〉

日弁連に愛を推薦させた中心人物は、鍛冶千鶴子である（平成三〇年〔二〇一八年〕四月八日逝去）。私は高円寺にある鍛冶の自宅を訪ねた。自宅は彼女の弁護士事務所でもある。

鍛冶は語る。

鍛治　「昭和一三年（一九三八年）、私は一四歳でした。郷里の熊本にいました。三淵・中田・久米の三人の女性が、初めて司法科試験に受かったと、新聞で知ったのね。見出しは『女性弁護士は勇士の妻　見事、難関突破した久米愛さん』。

強烈なショックでしたね。女性が弁護士になれるなんて、知らなかったから。

私は久米さんのあとに続こうと、明治大学の女子部に入りました。熊本は男尊女卑の強いところでね。戦前に、女性が法律を勉強するなんて言ったら、白い目で見られる。親は近所の人に、私が『東京のお裁縫の学校に行ってる』って、言ってました」

筆者　「私も熊本の出身です」

鍛治　「あら、そう。私は熊本の女性差別を、反面教師にしてきたわね。

私は昭和二三年、司法科試験に合格。見習いの修習生のとき、久米さんの事務所を希望しました。そして、久米さんと初めて会ったのね。

久米さんは婦人使節団の一人として、四カ月間、アメリカに行って、帰ったばかり。まぶしい存在でした。

それから五一年に亡くなるまで三〇年近く、親しくしていただいた。

久米さんのお宅と私の家は、歩いて五分くらいしか離れていません。土曜日はよく、久米さんのお宅で夕食をごちそうになりました。そして久米さんと私の夫婦四人で、クロスワード・パズルをやりました。夜中の二時頃までね。

お正月のためのもちつきも、一緒にしました。

久米さんが亡くなったのは、私にとって、本当につらいことでした」

〈仕掛ける〉

鍛冶「久米さんを最高裁の判事に推したのは、昭和五一年。前年が国連の国際婦人年だったのね。女性の地位を上げるため、女性を最高裁の判事にしたいと思った。久米さんは実力もあるし、最適の人でした」

筆者「日弁連はどんなシステムで、最高裁の判事の候補を決めるのですか」

鍛冶「各都道府県の弁護士会が、自分の会に適任の人がいる場合、日弁連に推します。日弁連の『弁護士推薦委員会』が、何人かの候補者を二人にしぼります。これが普通のルートです。

私は一つの弁護士会を単位とする、このルートをとりませんでした。全国の女性の弁護士に呼びかけて、久米さんを推す署名を集めました。そして、日弁連の『弁護士推薦委員会』に持って行ったのです」

筆者「どんな委員会ですか」

鍛冶「二〇人くらいの委員が、候補者を決めるのです。委員は、弁護士会の会長をしていた人など、そうそうたる顔ぶれです。

久米さんを推した代表者として、私が委員会に呼ばれました。久米さんについて、資料は予め出していましたがね。直接、いろいろ聞かれました。『会社の顧問をしているか』とか、『離婚など家庭の事件しかやってないんじゃないか』とか。男の人は意地が悪いですからね」

筆者「しかし、内閣への推薦はしてもらえたのですね。内閣はなぜ、愛先生を任命しなかったのでしょうか」

鍛冶「二つのポストに二人を推薦します。推薦の順番がつくらしいのです。おそらく、環さんが一番、久米さんが二番だったのだと思います」

〈三木武夫〉

最高裁に入った、環昌一は語る。

「久米さんは女性で初めての候補者でしたからね。私は、久米さんが任命されればよいと思っていました。

当時、総理大臣は三木武夫先生でした。三木先生は保守の中では進歩的な人です。久米さんを選ぶのではないかと予想していました」

第一二節 人生観

〈弁護士を楽しむ〉

愛の人柄を、いろいろな資料からたどってみよう。愛はこう評されている。

「戦前の、女性に対する封建的な制度や意識のことを想えば、草分け婦人法曹の道は決して平坦なものではなかったことは想像に難くない。しかし……（中略）……久米氏は常に明るく、弁護士という職業をたのしみ、職業によってのみ、男女の平等は達成されると確信しておられた……（中略）……。

接するすべての人が、氏の飾り気のない明るい誠実な人柄を愛し、的確で合理的な判断と、まやかしを許さぬ厳しさを信頼した」（「判例タイムズ」三三六号、あとがき）

弁護士の鍛冶千鶴子は言う。

「久米さんは自由なものの考え方、自由な行動ができる第一級の方でした」（毎日新聞東京版、昭和五一年七月一五日付夕刊九頁）

三淵嘉子は語る。愛といっしょに法律家になった人である。

「久米さんはつきあえばつきあうほど、すばらしい人でした。私は始終、彼女を尊敬し、そして、心の底から好きでした。そういう人とのめぐり合いは、人生において稀なことです」（「婦人法律家

協会会報」より）

〈思いやり〉

鍛治千鶴子の言葉。

「（久米さんには）スジの通らない妥協は一切みられなかったが、人間関係をうまく運ぶための配慮は細やかであった。二人のお嬢さんと夫君のご両親という三世代の家庭生活の核となって円満にやりとげられた影には、『赤がいいと自分が思う場合でも、白がいいと相手が言いはれば生き方にかかわる問題ではないから、ゆずることにする』と語るその人生観がはたらいていたのであろう」（毎日新聞東京版、昭和五五年三月一〇日付夕刊三頁）

〈家庭の役目〉

愛の肉声を聞いてみよう。家庭の役目について語っている。

「（家庭で全ての物を生産した時代もありました。今は家庭は生産しません。）しかし私はやはり家庭の機能というものは人間性に根ざしたものであって、人間というものはどんなにいばっても、えらそうなことを言っても、孤独に耐えられないという一つの性質を持っていると思うのです。そういうときに、孤独に耐えられないものが、ただ昼間友だちとつき合ってそれで済むかというと、そうではない。家庭が必要です。

セックスの問題も重要な問題としてからんでくると思うのです……（中略）……。子供を育てるということも、どんなにりっぱな教育者よりも、少しおろかな母親が育てた方が子供はしあわせだと言われるくらいです」（ジュリスト増刊総合特集「現代の女性——状況と展望」〔一九七六年〕一六四頁）

〈錯覚〉

愛は鍛冶千鶴子にこう話したという。

「講演などに行くと、よく車の送迎があるでしょう。人間は弱いので、それで自分が偉いなどと錯覚したら大変だから、できるだけ乗らないようにしているのよ」（毎日新聞東京版、昭和五五年三月一〇日付夕刊三頁）

〈おしゃれ〉

愛の次女の知恵子にきいた。

筆者　「愛先生はおしゃれでしたか」

知恵子　「母は『大事なのは人柄だ。着る物なんてどうでもいい』と言っていました」

知孝　「愛が若い頃、手袋を片方なくしたことがあります。右手に赤、左手に青の手袋をはめて平気でいましたね」

知恵子　「しかし、私の目から見ると、着る物に気を使っていましたよ。外国へ行くと必ず、洋服や生地を買って来ました。自分や娘たちのために。母は素敵なデザインやセンスのよいものを選んでいました。
母の若い頃は、日本の女性はほとんど着物でした。しかし、母は洋服を着て写真に写っています。流行の先端をいく面もあったと思います」

〈人種差別〉

人種差別について、愛は差別がいずれなくなると信じた。

「（アメリカの）南部諸州に共通のことは、白（人）と黒（人）との間に対等な社会的交わりが全くないことである。大体白と黒とが一緒に食事をしたり一杯飲んだりできるところは絶無だし、家庭を訪問しあうことも思いも及ばぬ……（中略）……。

（しかし、）第二次世界大戦以来の南部のめざましい工業化と農村の高度の機械化は、黒人農村労働者を工場労働者にし、また北部へ移動させた。工場労働者の多くは組織化されて、経済的に白と黒の差別は薄れつつある。この南部における経済的変化は、また白と黒の社会的関係に変化をおよぼさないわけにはゆくまい。南部人が好むと好まざるとにかかわらず、黒人は社会に進出する。いずれは白と黒が分離した社会に住むことはできない時代が来る」（毎日新聞東京版、昭和三一年一〇月二日付夕刊二頁）

〈**天職**〉

女性について、愛は言う。

「世界人口の五一パーセントが女性であるのに、この五一パーセントの女性が、社会の開発への参加からいつも取り残されるということは、人類にとり、大きな損失である……(中略)……。平等とは、計画決定の段階に、女が男と同等の資格で参加することである。政治、社会や教育面での計画、決定への参加である。男は幼児の時から、社会へ出て計画、決定に加わるという教育と訓練を受ける。しかし、女にはされていない……(中略)……。女は能力がないのではなくて、開発され訓練されていないということである……(中略)……。

また、家事が女性の天職のようにいう人が多いが、果たして女の天職か。社会の中で仕立屋、コック等一流といわれている者は、みな男である。天職であれば、女が全部占めてもよいはずではないか。社会的、経済的にお金を生むときだけは男、自分の身の回りを始末するための家事は女の天職というのでは、納得できない」(昭和五一年一月二一日の東村山市の婦人学級での講演)

〈**若い頃**〉

愛は語る。

「職業で何が女性に適するか、何が女性に適さないか、そういうものはあまりないのじゃないか……(中略)……非常に個人差が多い……(中略)……。その社会がそういう仕事を女に向かないようにしむけておる……（中略）……。

弁護士なんていう職業は、まさに女に向かないものだと、社会が考えていたに相違なかったわけでございますね。……（中略）……私が……（中略）……試験を通っただけで新聞だねになる。最初に刑事の弁論をやりましたときも、つまんない事件だのに新聞に写真入りで出たというような、そういう時代でございましたから、そのときには特殊な男か女かわからないようなのが弁護士になるのである、女らしき女というのは、さような職業は選ばないというのが、おおむねの社会感情であったと思うのです。ですからその時代が、女にその職業が適するとか、適さないとかということを決める」（「自由と正義」二二巻四号四九頁）

〈後輩へ〉

後輩の女性弁護士への、愛の感想。

「（若い女性の弁護士は）よくやってますね。でもせっかくなったのに、ぱっとやめてしまう人がいること、私にはわからないんです。個人の考え方だから干渉はしませんが、家庭生活との両立がむずかしかったら、困難にする条件をどうにか変えて、仕事を続けなければ、と私は思います。どんな仕事でも途中でやめたら自信をなくすのが痛いですよ」（日本経済新聞、昭和四八年七月二〇日付夕刊）

〈女性の自立〉

家庭にいる女性に、愛は言う。

「（賢夫人と言われる奥さんは）だんなさまをたてながら、実は家の中の実権を自分ががちっと握っていて、ご主人はえらそうな顔をしているけれども、奥さんがにこっとしてくれなければ何もやれやしない、そういう家庭はたくさんあります。そしてしあわせですよ。亭主もしあわせなら、奥さんもそれでしあわせです。だけれども、大きな見地から考えて妻のそういうあり方は、それは夫がいなくなればそういう幸福はおっしゃるように全部根底から崩れていくわけです」

「男に養われるのが常態なんだと考えていることが私は問題だと思う。……（中略）……私は女の人が本当に男女平等に目ざめるというか、自分の力で生きようとするという意思が出てきたら、ずいぶん世の中は変わると思うのです」（ジュリスト増刊総合特集「現代の女性——状況と展望」一七五頁）

「（家庭にいるだけだと、）依存の生活だから、妻、母という自己中心から抜け出せない。それではいつまでたっても、女はダメだってことになる。パートだって、世の仕組みを知る手がかりになる」

「（国際）婦人年のキャンペーンぐらいで、本質的な男女平等の世にならないと思う。正直いって、百年河清を待つという感じ。そりゃ女性は権利を主張するようになったし、おしゃべりも上手になったけど、その発想は妻、母という自分中心。社会も国もない。経済的にも精神的にも独立しなけ

りゃだめよ」（毎日新聞東京版、昭和五〇年一月一〇日付朝刊三頁）

〈**慕われて**〉

愛は、人に慕われた。三淵嘉子や鍛冶千鶴子などの法律家に。弁護士の仕事の依頼者に。そして、家族に――。

川崎の裁判所の弁護士控室で、女性の事務員が言ったという。

「久米先生って、有名な先生なんですって。でも、ちっとも高ぶらず、わたしたちともいろいろ話しをなさるし、たまには、映画や劇場の切符も下さるのよ。久米先生って好きだわ」（「婦人法律家協会会報」一六号九頁〔横溝正子記述部分〕）

第一三節 世を去る

〈手遅れ〉

昭和五一年（一九七六年）七月一四日。久米愛は亡くなった。六五歳。すい臓がんだった。

長女の純子は言う。

「母は学生のときは、ランニングの選手でした。若い頃は、体はとても丈夫でした。五五歳くらいまでは体には自信がありました。がむしゃらに働き、時々昼食も抜いていました。

その後、血圧が高くなり、昭和四五年（五九歳）には脳血栓で倒れ、一カ月ほど入院。退院後は再発しないために無理はしないよう、本人も家族もかなり注意しておりました。母としてはもっとバリバリ仕事をしたいのに体がいうことをきかず、とてももどかしそうでした。その後仕事をしながら通院しました。血圧はかなり安定していると言われていました。しかし、だんだん疲れを訴えるようになりました。検査をいろいろしましたが、原因がはっきりしませんでした。最終的にはがんに侵されていたと分かりました。本当にびっくりし、信じられませんでした」

夫の知孝は語る。

「すい臓のがんは、見つけにくいのです。愛もいろいろ検査して最後にやっと、すい臓のがんだと分かりました。分かったときは、手遅れでした」

次女の知恵子の言葉。

「最期の夜は、しきりに何か言っていました。何と言っているかは分かりませんでした」

〈確かな足跡〉

弁護士の横溝正子は語る。

「(久米先生の葬儀のとき) 千葉の方からと女性がふだん着であらわれ、以前先生に相談にのってもらったが、新聞で葬儀を知ったからと参列なさいまして、まるで母を亡くした幼子のように、慟哭しておられました。世の中に死んだ後に新聞で知ったと葬儀に来て、まるで肉親を亡くしたように泣いてもらえる人が、何人いるでしょうか。その人の久米先生に対する限りない追慕の情がそうさせたのでありましょう」(「婦人法律家協会会報」一六号一〇頁)

〈心に残る・足跡〉

人間、死ぬときは一人である。しかし、思い出が人の心に残る。

知孝が言った。

「死んだあとは、いい思い出しか残らないといいます。しかし、本当にいくら考えても愛の欠点は思い浮かばないのです。愛はごまかしがなく、誠実で……」

——知孝の声が涙でかすれた。

愛が残ったのは家族の心にだけではない。日本の女性史に、法曹史に、確かな業績を残したのである。

追記

平成二四年（二〇一二年）に、私は、京都東大会（東大の卒業者の会）で中村順一氏とお会いした。中村氏は外務省のＯＢで、「女性弁護士の久米愛さんも同じ時期に国連に来ていたことがある」とおっしゃった。

私は驚いて、久米を含む三人について書いた『華やぐ女たち』のことを話したところ、「外務省に国連での久米さんの発言の資料が残っているかもしれない」と言われた。そして、オープンになっていた記録を入手して下さった。

この資料（二七〇頁）のとおり、久米愛が第三委員会で、次の日に発言していたことが分かる。

［国連総会の第三委員会で久米愛の発言のあった日］

昭和四一年一〇月一七日、二〇日、二七日

一一月九日、二五日、三〇日

一二月六日、一二日、一四日

THIRD COMMITTEE

Question of the violation of human rights and fundamental freedoms, including policies of racial discrimination and segregation and of *apartheid*, in all countries, with particular reference to colonial and other dependent countries and territories (agenda item 95)

Mr. Satoru Takahashi.................. 10 October 1966
Mr. Satoru Takahashi.................. 10 October 1966

Draft International Covenants on Human Rights (agenda item 62)

Mrs. Ai Kume..............................17 October 1966
Mrs. Ai Kume..............................20 October 1966
Mrs. Ai Kume..............................27 October 1966
Mrs. Ai Kume.............................. 9 November 1966
Mrs. Ai Kume..............................25 November 1966
Mrs. Ai Kume..............................30 November 1966
Mrs. Ai Kume..............................12 December 1966
Mrs. Ai Kume..............................12 December 1966

Report of the United Nations High Commissioner for Refugees (agenda item 55)

Mrs. Ai Kume.............................. 6 December 1966

World social situation (agenda item 54)

Mrs. Ai Kume..............................14 December 1966

THIRD COMMITTEE（国連総会の第三委員会の資料）

佐賀千恵美（さが・ちえみ）

略 歴
1952年　熊本県に生まれる。
1977年　司法試験に合格。
1978年　東京大学法学部卒業。
　　　　最高裁判所司法修習所入所（32期）。
1980年　東京地方検察庁の検事に任官。
1981年　同退官。
1986年　京都弁護士会に登録。佐賀法律事務所に所属。
1994年　京都府地方労働委員会公益委員に就任。
1996年　京都弁護士会副会長に就任。
2001年　京都府地方労働委員会会長に就任。
　　　　佐賀千恵美法律事務所を開設。
2004年　京都女性の活躍推進協議会座長に就任。
2023年　叙勲（旭日双光章）受章。

著 書
『刑事訴訟法　暗記する意義・要件・効果』（単著、早稲田経営出版、1988年）
『華やぐ女たち　女性法曹のあけぼの』（単著、早稲田経営出版、1991年）
中央労働委員会事務局編『労働委員会六十年の歩み』（記念座談会発言、全国労働委員会連絡協議会、2006年）
植木拓編『人の一生と医療紛争』（分担執筆、青林書院、2010年）

三淵《みぶち》嘉子《よしこ》・中田《なかた》正子《まさこ》・久米《くめ》愛《あい》　日本初《にほんはつ》の女性法律家《じょせいほうりつか》たち

『華やぐ女たち　女性法曹のあけぼの』復刻版

2023年12月20日　第1版第1刷発行
2024年6月20日　第1版第2刷発行

著　者——佐賀千惠美
発行所——株式会社日本評論社
〒170-8474　東京都豊島区南大塚3-12-4
電話　03-3987-8621（営業）-8592（編集）
FAX　03-3987-8590（営業）-8596（編集）
振替00100-3-16　https://www.nippyo.co.jp/
印　刷——精文堂印刷株式会社
製　本——株式会社難波製本
装　丁——図工ファイブ

JASRAC　出　2307995-301（65頁）
検印省略　
ISBN 978-4-535-52746-1
Printed in Japan